Eine Ordnung versucht seit vierzig Jahren, ihr eigenes Ende hinauszuzögern. Für diesen Aufschub entschleunigt sie sich ständig durch immer mehr Sicherheit und Kontrolle, durch den Verzicht auf Fortschritt und den aggressiven Ausbau einer leerlaufenden Kommunikation. Mit kybernetischer List hat sie jede Vorstellung von der Zukunft abgeschafft.

Nach seinem viel beachteten Essay *Morgen werde ich Idiot*, in dem er als Ausweg aus der kybernetischen Kontrollgesellschaft die Verweigerung vorschlug, richtet sich Hans-Christian Danys Hoffnung in diesem Buch auf die Wiederbelebung eines Imaginären, das sich auf das Unbekannte einlässt. Kann in der besseren Welt vielleicht nur ankommen, wer die Annahme aufgibt zu wissen, wie diese bessere Welt aussehen wird?

**HANS-CHRISTIAN DANY**, geboren 1966, lebt als Künstler in Hamburg schon lange im Urlaub von dem, was er tun soll. Wie viele, die nicht wissen, wohin mit sich, schreibt er. Manchmal werden daraus Bücher. Bei Edition Nautilus erschienen zuletzt *Speed. Eine Gesellschaft auf Droge* (2008, Neuauflage 2012) und *Morgen werde ich Idiot. Kybernetik und Kontrollgesellschaft* (2013).

HANS-CHRISTIAN DANY

# SCHNELLER ALS DIE SONNE

## AUS DEM RASENDEN STILLSTAND IN EINE UNBEKANNTE ZUKUNFT

NAUTILUS FLUGSCHRIFT

Abbildungen im Text mit freundlicher
Genehmigung von Lily Wittenburg
S. 11: Vapour compound, Fotografie, 2012
S. 28/29, 46/47, 66/67, 88/89: Zeichnungen (Details),
Tusche auf Papier, 50 x 70 cm, 2013–2015
S. 110/111: Scherzonen, Scan,
Glas, Asche, Leim, Kohlenstaub, 2014

*Edition Nautilus* Verlag Lutz Schulenburg
Schützenstraße 49 a · D-22761 Hamburg
www.edition-nautilus.de

Originalveröffentlichung · Erstausgabe Oktober 2015
Umschlaggestaltung: Maja Bechert, Hamburg
www.majabechert.de
Autorenporträt Seite 2: Fabienne Mueller
Druck und Bindung: CPI books · 1. Auflage
ISBN 978-3-89401-826-9

Ich wollte Dir am Ende des Winters schreiben, aber es ging nicht. Als ich endlich anfing, war mir nicht klar, ob ich schrieb oder nur vor mich hinmurmelte. Was in die Sprache fand, las sich wie der Bericht einer Reise, die nicht beginnen wollte. Schreibend versuchte ich eine Abreise zu formulieren, ging immer wieder zum Bahnhof, stieg aber in keinen Zug.

Warum ich geblieben bin? Ich glaube, wegen der Luft. Sie gefällt mir hier, ihr Geruch und wie sie sich die ganze Zeit bewegt. Aber jetzt möchte ich nur noch weg aus dem Vorausberechnen leicht verschobener Wiederholungen.

Du fragst, wie das gehen soll, zu sagen, was man möchte, umgeben von Apparaturen, die einen ständig bedrängen, seine Wünsche mitzuteilen und sich zu ihnen zu bekennen. Deren psycho-mathematischen Mechanismen es immer wieder gelingt, einen nach dem ausgesprochenen Wunsch an die Orte zurückzubringen, die man kennt.

Es fühlt sich bedrohlich an, auf das Unbekannte zuzugehen. Beim Tasten ins Dunkel bin ich ständig in Versuchung, das Weitergehen aufzuschieben, um zum Vertrauten zurückzukehren. Ich schiebe den Abschied auf, statt mich in das Geheimnis des Unbekannten fallen zu lassen.

Die Vorstellung dieser Reise phantasiere ich nicht allein. Ich bin einer von vielen, die den Spalt zwischen *gerade eben* und *noch nicht* verlassen wollen. In dessen ewiger Gegenwart gibt es als Ersatz mathematische Fiktionen. Ihre Entwürfe des Künftigen reduzieren sich auf ein *noch nicht*, das sich aus dem bis *gerade eben* Vergangenen errechnen lässt.

Ein Ausweg aus dieser in Schlaufen gelegten Wirklichkeit schien lange, wie Helmut Berger zu sagen, »Ich bin ein Ufo und sehe zu, wie wenig mich der Quatsch angeht«. Es nicht nur zu sagen, sondern es zu werden: ein loses Bündel von Punkten am Firmament, das sich so schnell bewegt, dass es alles hinter sich lässt.

Ein unbekanntes Flugobjekt zu werden, scheint der erste Schritt.

Du sagst, jeder Flug muss wieder landen.

Aber ich habe mich in die Luft gehoben, einen Moment geschwebt. Ich mag gefallen sein, will aber wieder starten.

Ich schreibe Dir, weil Du Dich schon lange mit solchen Bewegungen beschäftigst: mit Flugobjekten, die den Horizont der Vorstellung überschritten haben und dem Unbekannten Zeit widmen, als hätten wir nichts zu verlieren. Du bist Fluglinien gefolgt, die sich ins Nichts bewegen. Du kennst die Triebwerke der Paradoxien des Zufalls und verstehst Dich auf den Blindflug. Ich frage mich, ob Du ahnst, wie der Gleiter gebaut werden könnte, mit dem sich in die Zukunft ausbrechen ließe, um von dort aus die Gegenwart anzugreifen.

Aber geht es um Widerstand? Oder verlangsamt der nur die Abreise? Was widersteht, hält sich zu oft fest an dem, was nie wirklich gut war. Der Körper bremst, bleibt sitzen, bleibt besetzt, bewegt sich nicht mehr, wird Punkt anstatt Strahl und als dieser erfassbar für die Berechnungen, die den Widerstand deuten als Teilhaber an ihrer Struktur.

Ich frage mich, ob sich die Bewegungen, denen widerstanden wird, selbst nur noch mit Mühe am Laufen halten? Widerstand geht von einem festen Gegenüber aus, dem Körper, dem widerstanden wird. Aber gibt es diesen Körper überhaupt? Handelt es sich nicht um eine Atmosphäre, die sich im Kreis dreht? Ein körperloses Etwas, das im ständigen Rückgriff auf die Vergangenheit zu verhindern versucht, dass die Zukunft betreten wird. In dieser Atmosphäre gibt es Dinge, Räume, Passagen, Flüssigkeiten, Gase, Daten und Zahlen, ganz viele Zahlen, sie stellen die Faktoren, mit denen die Mathematik der Bewegung ihr Kreisen multipliziert.

Ich frage mich, was zu dieser in sich kreisenden Atmosphäre geführt hat und wie sie sich stabilisiert? Warum es so bedrohlich scheint, sie zu verlassen? Was in ihrem Nicht-Körper darauf beharrt, dass es bleibt, wie es war? Warum die Zukunft in ihr auf einen Pessimismus zusammengeschrumpft ist?

Zwar ändert sich ständig etwas, bleibt aber im Grunde, wie es war. Alles, was Veränderung bewirken könnte, soll, bevor es sich entfaltet, in seiner Wirksamkeit transparent sein. Jede undurchsichtige Möglichkeit scheint bedrohlich.

Die Hoffnungen auf Veränderung werden von einer aufgeblähten Erzählung von einer hungrigen Macht ausgebremst. Als Gebiss trägt der ängstlich bewunderte

Allesfresser die rasante Entwicklung des industriell Technologischen. Aber gibt es diese Macht, die laufend beschworen wird, überhaupt? Verliert diese technologisch gestützte Kontrolle nicht die ganze Zeit an Potenz, mögen ihr noch so viele Heldentaten angedichtet werden? Entwickelt sich die Technologie überhaupt weiter und beschleunigt sie sich?

Ließe sich nicht auch und näher an der Wahrheit sagen: Bei der Erzählung handelt es sich um eine geschickte Täuschung und geschürten Glauben. Und was als Fortschritt beschworen wird, findet gar nicht mehr statt. Alles wird nur immer langsamer und zirkuliert in noch kleineren Kreisen.

## Zeitung ohne Zeit

Vor ein paar Monaten trat ich im Traum auf der Stelle und verspätete mich, bis es zu einem Drama kam. Ich träumte buchstäblich: Wer zu spät kommt, den bestraft das Leben. Am Tag zuvor hatte ich in der Zeitung gelesen, der Schlaf sei das letzte verbliebene nicht besetzte Gebiet, der Rest des Seins, der noch nicht von der Allgegenwart der Verwertung erfasst sei. Was da über die Freiheit im Schlaf neben einer Anzeige für teure Uhren stand, kam mir seltsam vor. In meinen Träumen treten oft Leute auf, die meine Fehler mit roter Tinte markieren und mich darauf hinweisen, wie tief ich in ihrer Schuld stünde. Im Wachzustand kann ich Abstand halten, entdecke Schlupflöcher, im Schlaf liegt mein Leben aber oft in ihren Händen.

Da es mir nicht zum ersten Mal so vorkommt, als wolle die Zeitung mit ihrem Lob des Schlafes die Drehbücher meiner Träume ruinieren, schiebe ich sie wütend vom Tisch. Als sie so geknickt am Boden liegt, denke ich, es wäre das Beste, mich von ihr zu trennen. Ihre Kritik befördert nur meine Kapitulation und nimmt sich nicht einmal selber ernst. Ich wende mich ab und gehe weg.

Wochen vergehen, und sie fehlt mir gar nicht. Statt ihr lese ich jetzt den Himmel, die Muster der Tische, oder sehe den Handwerkern zu, die das Dach des Nachbarhauses reparieren. Überall gibt es etwas zu schauen, es stellt die Welt nicht auf den Kopf, aber mir wird dabei nicht langweilig.

Nach einigen Monaten kaufe ich aus Neugier aber doch wieder eine Zeitung, setze mich auf die Treppenstufen vor unserem Haus und beginne zu lesen. Ich wundere mich, was da steht, und kann es kaum glauben. Die Nachrichten lesen sich, als wäre nichts geschehen. Meist sind es Ankündigungen von etwas, über das später berichtet werden soll. Nahtlos schließen sie sich an die Zeit vor meiner Abwesenheit an. Nirgendwo kann ich eine Lücke entdecken. Oft kommt es mir so vor, als hätte ich die Artikel schon gelesen. Ein Krieg bewegt sich noch durch die gleichen Straßen, und die vor meiner Abwesenheit angekündigte Katastrophe hat nicht stattgefunden.

War nichts passiert?

In einem Roman lassen sich keine zweihundert Seiten überschlagen, ohne dass einem die Anschlüsse fehlen. Mit der Zeitung scheint das nun möglich. Sollte sich die Wirklichkeit in ein Karussell verwandelt haben, das man jederzeit besteigen und wieder verlassen kann?

Ich versuche mir vorzustellen, wie sich die Schreibenden in den Zeitungsredaktionen nach dem Eintritt in das kreisende Stehenbleiben auf dem Trockenen wiederfanden. Zeitungen sollen das Vergehen der Zeit mitschreiben. Aber was geschieht, wenn nichts weitergeht? Ich male mir aus, wie sie nach einer Phase der Ratlosigkeit beschlossen, einfach die alten Texte umzuschreiben, um die Herausforderung zu bewältigen. Das wirkte zuerst angestrengt. Aber was sollten sie tun, wenn es keine unverbrauchte Wirklichkeit mehr gab?

Was geschehen sein konnte, setzt sich in meinem Kopf feinteiliger zusammen. Kleine Verschiebungen, die mir schon längere Zeit aufgefallen waren, die ich aber als bedeutungslos übergangen hatte, fügen sich jetzt zu einem Bild.

Aber was soll ich mit dem Karussell anfangen? Es gefällt mir nicht. Es führt in eine Bewegung ohne Körper. Die Bewegungen in diesem körperlos Drehenden wirken nur gespielt, scheinen kaum mehr als eine Koketterie.

Veränderung geht vom Körper aus, dem Aufbegehren des Wunsches, der sich als das materiell Mögliche erkennt. Im Körper formt sich der Wunsch, in das Unbekannte einzutreten.

## Leerlauf in der Alphaphase

Die Uhr zeigt fünf vor zwölf, und ich habe schon zu Mittag gegessen. Nach Tisch nimmt mir das Radio mein Unbehagen aus dem Mund und lässt es in geraden Sätzen aufmarschieren. Ich schreibe Dir heute, weil es mich an die Situation erinnert, an den Winter vor einem Jahr, als die Stadt unser Viertel zum »Gefahrengebiet« erklärte. Der Begriff und seine Darstellung durch zweitausend Polizisten sorgten für Wut. Wie in einem besetzten Land fühlten wir uns in unserer Würde beleidigt. Die Beleidigung erzeugte ein Wir. Im selben Moment gefielen wir uns in der Nähe zu einer Gefahr, die vorher aus unserer Wirklichkeit verschwunden zu sein schien.

Die Spannung hielt aber nur ein paar Tage, bis begonnen wurde, darüber zu sprechen. Der Angriff auf die Würde entspannte sich in einem Sumpf aus Anekdoten der Empörung, die sich der Deeskalation unterwarf, bis der Rest an Beunruhigung lärmend in einem Kalauer implodierte, der von einer Klobürste handelte. Sie wurde zum Symbol einer Beschwörung der herrschenden Ordnung. Nachdem alle gelacht hatten, gingen die Dinge wieder ihren gewohnten Lauf.

Die Ordnung bezahlt auch gerne für die Kritik. Sie gehört zum guten Ton, den sie Demokratie nennen. Auch gibt es viel zu reparieren, und die Kritik zeigt, wo das dringend getan werden müsste. Die Kritik darf sich viele Freiheiten erlauben, damit kein Defekt übersehen wird und sich zu einem Problem ausweiten könnte.

Gelingt es mir, frei und schnell zu sein, gebe ich damit an, mein Leben liefe rasant geradeaus. Ich täusche manchmal sogar meine besten Freunde und spiegle ihnen vor, ich würde ein schnelles Leben führen. Ich tue das nicht, um sie anzuspornen. Nein, ich will einfach nur keinen schlechten Eindruck hinterlassen. Gegen die laufende drohende Blamage meiner Langsamkeit stapele ich meine Geschwindigkeit in die Höhe. Ich versuche, mit dem, was mich als Vorschläge eines gelebten Lebens umgibt, auf Deckung zu kommen.

Wenn ich wieder allein bin, schäme ich mich. Die Scham erlebe ich als eines meiner stärksten Gefühle. Sie hilft mir bei einer weiteren Spaltung meiner selbst. Ein Teil von mir läuft den Fiktionen hinterher, während der andere Teil vor ihnen wegläuft. Der Zickzack aus Hin- und Abwendung hält mich beschäftigt. Ich drehe mich weiter, erhalte mich in immer enger werdenden Kreisen. Das Einkreisen der leeren Mitte bedeutet eine Anstrengung, der es nicht gelingt, die Kraft zur Veränderung zu bündeln. Während es sich weiter im Kreis dreht, ahne ich: Würde ich mich von der Selbstdisziplinierung verabschieden, stünde ich schon auf der Schwelle nach Draußen.

Du fragst, von welchem Gefängnis ich spreche?

## Schlafen mit den toten Dingen

In den Kreisläufen mehren sich seit einiger Zeit die Versuche, die Abwesenheit der Veränderung zu erklären. In einer Art Buch mit dem Titel *Futurzwei Zukunfts-*

*almanach* las ich vor ein paar Tagen, die Sache mit dem verschwundenen Fortschritt sei ein alter Hut. Die Zeit der Innovationen sei seit Henry Fords Einfall vorbei, dass ein »Auto kein Luxusgut, sondern ein Massenprodukt sein kann. Alles, was danach kam, ist eine endlose Variation des immer Gleichen, und das heißt des immer gleichen Prinzips der Vermehrung von etwas«.

Die Nachkommen derer, die vor hundert Jahren um das Recht auf einen handgeschraubten Selbstfahrwagen gebracht wurden, fordern ihr Recht. Zum Ausgleich wollen sie dieses Mal ein besonders originelles Fahrrad-Unikat, dazu handgeschöpfte Schokolade und ganz viele Dinge, mit denen ihr Selbst und die Welt geschont werden können. Der *achtsame* Konsum formt eine konservative Repolitisierung der gesättigten Zonen, deren Ziel in der Stabilisierung einer überkommenen Ordnung zu liegen scheint.

Wissen zu wollen, wie man gelebt haben wird, macht müde. Deshalb versprechen viele Vorhersagen im *Futurzwei Zukunftsalmanach* Möglichkeiten, sich auszuruhen. Eine der Vorhersagen für das Jahr 2041/42 entwirft gleich eine ganze Wohnung als Schlafmaschine: »Der folgende Morgen beginnt wie jeder Morgen, das digitale Vogelgezwitscher in Kombination mit dem Licht, das sehr langsam hochfährt, bis es den Wohnraum flutet wie ein Sonnenaufgang, der keiner ist, weckt die Frau behutsam und zur richtigen Zeit, in der richtigen Schlafphase. Draußen ist es noch dunkel. Ihre Ruhezeit ist exakt berechnet. Um den maximalen Erholungseffekt zu erzielen, ist nur der Zeitpunkt des Aufwachens entscheidend. Ihr kurzer Schwebezustand zwischen Wachen und Schlaf wird von der Erinnerung an Bilder begleitet, die keine Traumbilder sein können, weil sie sich nie an ihre Träume erinnern kann.«

In einer Zukunft, in der jeder Morgen gleich sein soll und alle vorhersehbar ausgeschlafen sind, fällt vielleicht kaum noch auf, wie wenig sich die Visionen des Kommenden von der Warenwirklichkeit der Vergangenheit unterscheiden. Seit das Kommende im Nebel des Bedrohlichen liegt, bewegen sich die Wünsche rückwärts auf der Zeitachse. Die Kaufenden wandern zu den guten alten Dingen aus sorgloser Zeit. Ihre Sorglosigkeit wird aber selten benötigt. Es reicht das Dekor ihrer Zeichen, mit denen die Wohnungen der Wünsche eingerichtet werden können, um in Räumen zu überleben, die vollgeschrieben wurden von fremder Hand. Verstockt liest das Auge die Geschichten von den vergessenen Kräutern, die eine andere wiedergefunden hat; dem melancholischen Jungen mit der Elektrogitarre; dem Gemüse der Region; original echtem Handwerk; einer von der Sozialdemokratie ausgehaltenen Subkultur; stabilen Dingen, die ein Leben lang halten; wahrer Liebe, die bleibt; fundierter Kritik und kreativer Gartenarbeit.

Die Echos der Vergangenheit machen nicht satt, sondern ein Völlegefühl. Sie erzeugen eine gedämpfte Atmosphäre, in der alles zuerst auf sich selbst bezogen wird. Ich esse. Ich kaufe. Ich entfalte und erhalte mich. Ich. Ich. Ich. Mein Spaten hält dreihundert Jahre. In den Erdlöchern, die damit gegraben werden, entsteht eine Stimmung, in der nicht mehr aus Geselligkeit geraucht wird. Die Worte verbrennen darin, da sie nirgendwo Halt finden, außer an einem selbstbezogenen Ich, das alles richtig machen möchte, um einsam zu überleben. Es ist ein Nein zum Leben, das Wiederholungen formuliert, die millionenmal gestorben wurden.

Die gewöhnlichen Wünsche, gesund zu sein, nicht allein zu leben, zu lieben, sich mit der Umgebung zu verbinden, werden in der Aufrechterhaltung der falschen Ordnung in Anschlag gebracht.

Die Überhöhung von Wiederverwertung, Erhaltung oder Rückbau verschließt die Vorstellung einer anderen Ordnung, bevor diese sich überhaupt im Kopf entfalten kann. Gebremstes Wachstum wirkt in einer dem Systemprinzip treu bleibenden Umgebung als Regulativ. Die Fiktionen einer Wiederherstellung des Vergangenen zementieren die Lüge, es gäbe keine Alternative.

Gegen den Wunsch des Ausbruchs durchzieht ein Gewebe der Geschwindigkeitskontrollen die Körper bis in ihre feinsten Kapillaren. Eine Landschaft aus Ersatz und Bedrohung lässt die Übersicherung immer dichter wuchern. Wünsche nach einem schnelleren Leben werden im Zaum gehalten. Betäubt von den Halluzinationen der statistischen Gefahr verlernen die Menschen, ohne Helm Fahrrad zu fahren. Im Schatten des beschworenen Restrisikos reden sie über weitere Möglichkeiten der Entschleunigung als Fallgruben dessen, was das *gute Leben* genannt wird. In seinen aufgeräumten Karpfenteichen schwimmt nirgendwo ein Hecht, um die gemächlich Schwimmenden nicht in Panik zu versetzen. Das Gleichförmige der Übersicherung führt zu Bewegungsarmut. Die Sicheren und Satten wollen nirgendwo hin. Gelegentliche Restspannungen, die sich zappelnd entladen, werden mit Geschwindigkeit verwechselt.

Geschwind bedeutet im althochdeutschen Ursprung stark, ungestüm, und meinte, mit einer Kraft versehen zu sein, die verfügen kann. Geschwind wirkt in der übersicherten Gesellschaft wenig. Kaum etwas verschwindet in Geschwindigkeiten, von denen einem schwindelig würde. Ein niedriges Tempo wird auf hohe Umdrehungszahlen hochgeredet, während es sich in der Verlangsamung aufreibt.

Trugwahrnehmungen, die den Eindruck hinterlassen, das Leben bewege sich noch schnell, rühren daher, dass an die Stelle der Beschleunigung Verkürzungen der Produktionszyklen getreten sind. Investitionen müssen sich kurzfristiger rechnen, und die Ökonomie bewegt sich nervöser in kleineren Kreisen. Für diese Nervosität erfinden die Agenturen ständig neue Formulierungen. Eine Zeit lang war der Begriff »prekär« in Mode. Er formuliert einen vorläufigen Anspruch, der widerrufen werden kann. Beschworen wird mit ihm die Angst vor einem Dasein, in dem kein Rechtsanspruch auf gesicherte Verhältnisse besteht. Ohne diesen Schutz mache die Abenteuerlichkeit des Überlebens krank. Die Prekären wanderten durch eine Unsicherheit, welche die Psyche zerrütte. Im Schatten der ständigen Beschwörung der Ängste werde ich mir selbst fremd, beginne, mir ans Knie zu fassen und mich zu fragen, wie lange es wohl noch hält? Obwohl ich nie Sicherheit wollte, saugt es mich in die matten Vorstellungen eines in Watte gepackten Überlebens, wo es Sicherheit ohne Widerruf geben soll.

In schwachen Momenten erwische ich mich beim Wunsch nach einer Grundsicherung. Auf ewig mit dem Notwendigen versorgt. Überleben auf einem *Zauberberg* für alle. Das Selbstbewusstsein meiner Rest-Autonomie schmilzt in den Wolldecken der vorgestellten Ruhekur wie Butter in der Sonne. Das Versprechen, in den reichen Zonen Mitteleuropas abgesichert zu überleben, hat den Preis, dass alles bleibt, wie es war. Das Konzept des bedingungslosen Grundeinkommens fügt sich in die kybernetische Landschaft. Ihr Systemprinzip wird nicht infrage gestellt. Wer beißt schon die Hand, die ihn nährt. Ausschweifende Gedanken wachsen nicht am Ofen, sie vertrocknen dort. Schon das Kind bekommt alles, was es haben möchte, damit es in seinem Zimmer bleibt und nicht in den Wald geht. Irgendwann beginnt es, mit den Dingen zu spielen, die seine Eltern ihm hingestellt haben. Die andauernde Entmündigung der mit Ersatz-Abenteuern gefütterten Körper führt dazu, dass die Vorstellung, sich selbst zu versorgen, zerstört wird. Nicht, dass ich keine Existenzängste hätte, aber sie bringen mich keinen Zentimeter weiter.

## Etwas später bitte

Meine Finger wischen über das Kontaktfeld und versuchen sich zu verbinden. Frische Einblicke bekommen sie nicht. Die Beschäftigung verlangsamt mich. An die Stelle schneller Gedanken tritt eine Reihe von Reaktionen. Ich reagiere und unterfordere meine Lebendigkeit. Im Fluss der Ähnlichkeiten, die ich aufrufe, geht meine Kraft verloren. In meiner Ernüchterung verblassen die Farben, verschwindet das Strahlen. Minuten dehnen sich. Sehnsüchte kippen in Minusgefühle. Das Bewusstsein faltet sich in einen kleinen Umschlag, der, als wäre er aus der Tasche eines Boten gefallen, auf einem Parkplatz liegen bleibt.

Um den trägen Zustand zu überblenden, erzählen mir alle Apparate ständig Geschichten vom schnellen Leben. In ihnen wird im Überfluss gelebt, steigt das Gefühl der Geschwindigkeit über seine Ufer. Nur ich verpasse das schnelle Leben in einem fort, bin nicht schlau genug, um dabei zu sein. Auf meinem Gefühl des Ungenügens herumreitend, werden mir die Beschleunigungen ständig angekündigt. Gleich wird es schneller, es dauert nur noch fünf Minuten. Ständig steht die Geschwindigkeit vor der Tür, bis nichts passiert. Eine Nicht-Bewegung hangelt sich von einer Stockung zum nächsten Stein, dort wartet sie als Passagier ohne Passage, bis sich ihre Kraft erschöpft.

Um die Vorschau des Kommenden zu gestalten, plündern die Wirklichkeitsagenturen alle greifbaren Vergangenheiten und bauen gemütliche Umgebungen des Vertrauten. Was in ihnen an bescheidenen Beschleunigungen vorkommt, wirkt in den nostalgischen Kulissen schneller, als es ist. Ihre Geschwindigkeit ist nicht faktisch, der verlangsamte Hintergrund lässt sie nur schnell erscheinen.

Unter Beschleunigung wird in der Physik die Änderung eines Bewegungszustandes verstanden. Es bedarf einer Kraft, deren Einwirkung einen Körper bewegt. Was von ihr angeschoben wird, muss unverbunden sein, um schneller zu werden, sonst staucht die einwirkende Kraft den Körper nur zusammen. Kraft wird erforderlich, wenn Arbeit verrichtet werden soll. Die Bündelung von

Kräften aber scheint immer seltener zu gelingen. Sie verstreuen sich, das von ihnen Bewegte zeichnet Streuungsmuster, formt Ornamente statt gerichteter Bewegungen.

Im kybernetischen Raum lässt sich ganz viel miteinander verbinden. Vielleicht kommt die Kraft, die wirken soll, deshalb so selten auf Touren. Statt die Körper zu beschleunigen, verformt sie diese. Die Verformung tut in ihren Sphären aber weniger weh. Was verformt, sticht als kurzer Schmerz der Enttäuschung. Ein vor dem Bildschirm erstarrter Körper zuckt kurz zusammen, wird eingedrückt, erhält einen Eindruck.

## Ihr Tod ist ein Irrtum

Langsam geht sie auf. Etwas hastiger wirkt ihr Untergang. Oft vergesse ich: Ihre Strahlen bringen das Schnellste, was es gibt, das Licht.

»Soll die Welt zugrunde gehen, das ist die einzige Politik«, sagt die Anhalterin in Marguerite Duras' Film *Der Lastwagen*. Sie weiß, es wird keinen Untergang der Welt geben. Was untergehen wird, ist allein eine gegenstandslose Ordnung. Wir rauchen noch eine Zigarette. Ihr Geruch wirkt freundlich verheißungsvoll. Wir können ihre Möglichkeit riechen, obwohl die Beschwörung des kommenden Untergangs uns die ganze Zeit ablenkt. Auch mit dem Klimawandel wird eine spektakuläre Katastrophe inszeniert. Der Westen setzt die Zerstörungen, die er verursacht, in Szene, um sich zu erhalten und zu rechtfertigen. Das Schauspiel erinnert an den sprachlichen Ursprung des Begriffs Katastrophe, der aus dem antiken Theater stammt, wo er einen Inszenierungskniff benennt. Eine bedrohliche Szene läutet durch Steigerung der Spannung eine Wende der Handlung ein. Die Läuterung der Katharsis wird durchlaufen, bevor sich im nächsten Akt alles zum Guten wendet. Die Läuterung findet statt, um zu reparieren, was aus dem Ruder gelaufen ist.

Die Vielfalt der Katastrophen-Szenarien, mit denen alle bombardiert werden, scheinen aus dem antiken Theater geborgte Regierungstechniken zu sein. Die ständige Wiederholung ihrer Drohkulissen lenkt davon ab: Nicht die Welt geht unter, nur ihre Programmierung ist am Ende. Sie ist darauf eingestellt, sich im Kreis zu drehen. Um zu verhindern, dass die Fluchtlinien den Kreisverkehr verlassen und sich in die Zukunft verirren, werden die vorwärtsstrebenden Bewegungen in die Vergangenheit gelenkt. Sie verlassen eine Gegenwart, von der wenig zu bleiben scheint und alles nur flüchtig zwischen den Fingern zerrinnt. Wahrscheinlich tätowieren sich deshalb so viele, weil sie nach etwas suchen, das bei ihnen bleibt.

Ständig wird einem suggeriert, all das selbst gewählt zu haben. Wählen zu können, heißt, sich Bedeutung zu geben und den Luxus zu gönnen, Schuld zu haben an der mitverursachten Zerstörung. Mag die Schuld individuell abgearbeitet werden, erzeugen ihre Vorstellungen das Gefühl einer fatalen Gemeinschaft. Vernetzt trösten sich deren einsame Netzknoten mit dem Ausblick, später gemeinsam zu sterben. Virtuos spielen die Szenarien der Überlebensgesellschaften auf den Klaviaturen des Endes, das einem im Zeichen des Totenkopfs als billiger Pop-Ikone überall entgegentritt. Das Symbol dient, »seitdem die Schizophrenie eine Bedingung des Sozialen ist« und jeder sich nur als lebendig spürt, »wenn er sich sterben fühlt« (Ceserano), als diffuses Allzweck-Zeichen, in dem sich das Überleben symbolisch im Zeichen des Todes auslöscht, während vor dem Fenster ein großer blauer Vogel vom Himmel fällt.

## Der lange Abschied

Die Bewegung in die Zukunft entschleunigte langsam. Ihre Bremsspur reicht über vierzig Jahre zurück. Zu diesem Zeitpunkt begann die industrielle Entwicklung sich zu verlangsamen, seitdem sinkt die Produktivität der westlichen Welt. Zuerst waren es nur Stimmen, die murmelten, es sei vorbei mit dem Fortschritt. In meiner von dem Designer Otl Aicher gestalteten Schultüte hatte es wenige Monate zuvor noch eine Zukunft mit modernen Süßigkeiten gegeben. Ihre Versprechen des Künftigen sahen ungefähr so aus wie eine futuristischere Variante der Gegenwart. Diese erscheint mir heute wiederum wie ein Museum der Visionen meiner Kindheit. In ihm staune ich, warum nicht alles ganz anders kam. Oder warum manches unter den Exponaten fehlt, wie die Apparate, mit denen Menschen und Dinge wider die Gesetze der Materie von einem Ort zum anderen teleportiert werden konnten. Dafür kann ich nun »sichttelefonieren«, wie die Menschen in den Raumschiffen meiner Kinderbücher. Während ich meine Gesprächspartner auf den kleinen Bildschirmen in besserer Auflösung betrachte, habe ich aber keine Bilder des Kommenden mehr im Kopf. Meine innere Leinwand bleibt blank. Die Leere hat mich daran gewöhnt, von der Zukunft weniger zu erwarten. In dem kurzsichtigen Gefühl bin ich nichts Besonderes. Und möchte ich einmal nach vorne blicken, stelle ich mir meine persönliche Zukunft vor. Die Voraussicht beschränkt sich jetzt auf Regimes der Privatangelegenheiten. Wir fliegen nicht mehr zum Mond, aber in fünf Monaten werde ich nicht mehr rauchen. Meine Karriere wird ihren Gang gegangen und mir werden die Zähne ausgefallen sein. Aber wenn ich eine Therapie verschrieben bekomme, kann ich 23,8% besser schlafen und schaffe es irgendwann bestimmt auf 100%.

Einen Abschied vom Prinzip des gemeinsamen Weiter markierte 1972 der Club of Rome. Kurz nach Aufhebung der Goldpreisbindung prognostizierte das kybernetische Gutachten des Instituts für Futurologie die Grenzen des industriellen Wachstums: Die Rohstoffe würden ausgehen, die Umwelt in den Abfällen ersticken, und es würde viel zu viele Menschen geben. Schleichend und im Widerspruch dazu begann mit dem Zweifel an der Zukunft ein Aufstieg der Finanzderivate, mit denen auf die Erwartung an das Kommende spekuliert werden konnte. Die Spekulation wettet jetzt auf den Gewinn der anderen, bevor dieser überhaupt erwirtschaftet wurde. Mehrwert wird noch mal verkauft, lange bevor die Arbeit getan werden konnte. Vielleicht dachten alle sich, wenn die Zukunft schon nicht stattfindet, lässt sie sich zumindest vorher noch verschachern.

## Spätes Glühen

In mein Leben griff die Veränderung. Die ersten Jahre des Lebens hatten mich daran gewöhnt, von einem Chauffeur gefahren zu werden, Kaviar zu löffeln und im Strandurlaub zu meiner Sicht der Welt interviewt zu werden. All das ging im Nachgang der angekündigten Endlichkeit unter. Der rapide Anstieg der Ölpreise führte zu wirtschaftlichen Verwerfungen. An die Stelle des Chauffeurs trat ein gebrauchtes Fahrrad. Statt Beluga löffelte ich Linsen. Mir gefiel die soziale Mobilität nach unten. Fenster öffneten sich, da wir uns keine Gardinen mehr leisten konnten. Jetzt sah ich die Welt. Der Abgang als Bauarbeiterprinz gab meiner verplanten Zukunft ihr offenes Ende zurück.

Erst später begriff ich, dass ich darüber hinaus zu einer Generation gehörte, die im allgemeinen Wandel ihren Gebrauchswert verlor und relativ überflüssig wurde. Früh erklärten uns Stimmen ohne Körper: Wir könnten es lassen. Es ginge jetzt zum Ende. Beruhigend fügten die Stimmen hinzu, wir bekämen aber noch genug zu essen.

Mit der Einsicht eines Kindes daran gewöhnt, das Eingebrockte zu schlucken, benahm ich mich verständig, wollte gefallen und begann, mir meine eigene Wirklichkeit zu erfinden. Aus der Ferne hörte ich noch die Geräusche einer verschwindenden Zukunft, aber die klangen schon wie ein Sprung in der Platte.

Mit meinem Freund Stefan zeichnete ich ein historisches Fries, das detailverliebt über mehrere Meter in Buntstift den großen Brand von Hamburg 1842 darstellte.

Unser Bewusstsein tastete sich durch die Vergangenheit an die kommende Katastrophe heran. Mit dem rasenden Tempo von Zehnjährigen trieben wir unser No-Future-Gefühl in die Tiefe der Vorstellung. Nach Schulschluss gruben wir eine Erdhöhle und warteten nun Nachmittag für Nachmittag auf den Untergang. In unserem selbstgebauten Bunker horteten wir aufgrund der Vermutung, nach dem Atomschlag würde es unter den Überlebenden zu Kannibalismus kommen, Waffen. Beim Selbstbau von Rohrbomben, die das Gelände um unser Erdloch gegen mögliche Feinde verminen sollten, ätzte ich Stefan durch unsachgemäßen Umgang mit dem Chemiebaukasten beinahe ein Auge aus.

Nach diesem Zwischenfall lösten unsere Eltern die kleine Gemeinschaft auf. Wir bekamen Umgangsverbot.

Meine Stimmung stürzte mitten im Sommer unter den Gefrierpunkt. Wie ein Käfer lag ich auf dem Rücken und wartete nun einsam auf den Untergang. Über mir streckte sich ein Strommast in den Himmel und warf lange Schatten. Während ich so dalag, die Zeit sich dehnte und es in meinem Kopf kreiste, wurde mir klar, ich würde nie arbeiten, sparen, irgendwelche Sicherungen anlegen oder an die Rente denken. All das schien nicht nur uninteressant, ich würde gar nicht lange genug leben. Es hatte etwas Entlastendes, auf den Untergang zu warten, auch wenn ich mich gerade etwas einsam fühlte.

Ich ging jetzt seltener zur Schule. Für welches kommende Leben sollte ich dort meine Zeit vertun?

Bald genoss ich die verbleibende Augenblicklichkeit in vollen Zügen. Doch im Licht der Freiheit übersah ich, wie das Leben nach der Ankündigung des Endes schleichend durch ein Raster des Überlebens ersetzt wurde.

Einer der Ersten, der verstanden hatte, wie gut sich die Abschaffung der Zukunft als Regierungstechnik eignete, war der Bewohner eines unauffälligen Reihenhauses in der Hamburger Vorstadt. Der durch eine Flutkatastrophe nach oben geschwemmte Langenhorner raunte in einem Interview: »Wer eine Vision hat, der soll zum Arzt gehen.« Aus dem Mund des ehemaligen Soldaten klang das lakonische Sprachspiel, mit dem er auf die Frage nach seiner Vision antwortete, höchst unheimlich. Der Stab von Helmut Schmidt zeigte dazu wenige Jahre später Fotos von Toten, die Visionen gehabt hatten. Als Elfjähriger verstand ich: Wer sich Bilder einer möglichen Zukunft als andere Welt ausmalte, kam nach Stammheim.

## Die Industrie stirbt

Ich habe nie verstanden, warum die Ahnung vom überschrittenen Höhepunkt des Industriezeitalters und der anhaltende Niedergang der kapitalistischen Produktivkraft seit 1973 dazu führten, dass die avantgardistische Kunst und der fiktive Blick in die Zukunft in sich zusammenschrumpften. Parallel zu einer Welt, in der es das industrielle Wachstum nicht mehr geben sollte und nicht mehr gab, zeichneten sich die Konturen einer kulturellen Verlangsamung scharf. Theoretisch kam die Idee aus den USA, praktisch erfand die Düsseldorfer Band *Kraftwerk* einen Retro-Futurismus, dessen Darsteller eines Zukünftigen den konstruktivistischen Look einer vergangenen

Epoche trugen. Der gut aussehende Pessimismus eines Zurück in die Zukunft schlug ein wie eine Bombe.

Auch die spekulative Literatur unternahm kurzsichtigere Ausflüge in die Möglichkeiten der Zukunft und stellte sich das Kommende meist als düsteres Durcheinander vor. Wanderte die Science-Fiction in den sechziger Jahren noch vierzig Jahre und mehr in die Zukunft, waren es nun ungefähr zehn. Den sinkenden Anspruch einer fiktionalen Spekulation, die die abgesicherte Prognose überschreitet, formulierte wenige Jahre später der Cyberpunk-Autor William Gibson: »Science Fiction sagt nicht die Zukunft voraus, sie bestimmt sie, kolonisiert sie und präprogrammiert sie nach dem Bild der Gegenwart.«

Nach der Aussichtslosigkeit des Cyberpunks trat die Vorstellungskraft wissenschaftlicher Phantastik wenige Jahre später endgültig auf der Stelle. Ihre Visionen des Kommenden ließen sich fast gar nicht mehr von der Gegenwart unterscheiden. Kurz vor der Jahrtausendwende begann sich das Genre der Vergangenheit zuzuwenden und ließ die verbliebenen Raumschiffe in das Mittelalter reisen, wo sie in klischierten Welten verschwanden.

Eine perspektivische »Mathematik von SF«, wie sie Donna Haraway vorschlägt, kommt in ihnen nicht mehr vor. »Jenes potente materielle semiotische Zeichen für spekulative Fabulation, spekulativen Feminismus, Science-Fiction, Science-Fact, Science-Fantasy« muss sich als Vorstellungsraum, der das Vorprogrammierbare in das Unvorstellbare überschreitet, erst wieder erschließen.

## Zwischen den Wirklichkeiten

Eine angespannte Umgebung, die kurz vor der Implosion stand, flüchtete sich an ihren Rändern in die kurzfristigen Beschleunigungen des »Hier und Jetzt«.

In meinem Radius hieß die Zuspitzung Subito und entfaltete eine kleine dunkle Welt, drei Stufen unter der Erde. Ich war sechzehn und der Silberfaden, der Kinderfaden, schon zerrissen, aber wo ich hinwollte, das blieben Orte der Vorstellung, durch deren Möglichkeiten ich schüchtern und etwas verstört hindurchschlich.

Später erfuhr ich, dass die Menschen, die sich da an einer Ecke der Stresemannstraße betrunken in den Pfützen wälzten, Bilder malten, die sie sich am Mittag ausdachten, um sie am Nachmittag fertigzustellen, um am Abend wieder ins Subito zu gehen. Ihre plötzlichen Formen versprachen wenig über den Tag hinaus. Sie waren da und wieder weg.

Als das Wilde schon nach kurzer Zeit ins Fade umschlug, folgte eine selbstreflexive Phase. Mit abgekühlter Distanz erdachten Künstler nun Modelle von Bildern und verstanden die Geschichte als Steinbruch. In den selbstbezüglichen Perspektiven dieser Kunst nach der Kunst formten sich Tunnel ins Unwirkliche, in deren Gärten sich die Beobachter vergangener Beobachtungen um sich selbst drehten.

Das die Wandlungen begleitende Neonlicht, das eine Freiheit ohne Schatten versprach, traf mich wie eine Faust und bohrte sich tief ins Gehirn. Jetzt wollte ich keinen Körper mehr haben. Es gab keinen schöneren Schwindel als die absolute Entfremdung. Als jede Wahrheit verratender Dandy tauchte ich mit Hunderten in den Dschungel der Zeichen, wo kein Seiendes und kein Sinn mehr sein sollten. Alles schien ein Verweis auf etwas anderes. Die Realität verachtend feierten wir eine übergeschnappte Party gegen alles Authentische. Der Versuch, sich in ein künstliches Schillern abseits der Wirklichkeit zu flüchten, verkam aber innerhalb weniger Jahre zu einem Schrebergarten. Ein Ort, an den sich der Einzelne hinter seinen Zaun zurückzog und glaubte, Subjekt sein zu können, statt sich in der falschen Welt zu verlieren.

Der Kater ließ lange auf sich warten, aber die achtziger Jahre dauerten nicht ewig. Ihr Ende kam plötzlich. Einige Monate nach dem Fall der Mauer wachte ich mit wimmerndem Gehirn in einem Zimmer ohne Fenster auf. Eine übergroße Wirklichkeit hatte die Tür eingetreten. Von »Revolution« war die Rede. Ich dachte zuerst, Aufschneider pusteten ein bisschen Realität auf und ein Antitheater inszeniere sich, in dem eine Zigarre wieder eine Zigarre sein sollte und genauso geraucht wurde.

Kalte Schauer krochen über meinen Rücken, und die Katze schrie laut im Kopf. Es fühlte sich an, als wäre eine dunkle Wolke in meinen Magen gekrochen. Die Laube, in der ich so viele Jahre verbracht hatte, stand in Flammen. Mitten im Inferno, der Apokalypse meiner kleinen Welt, starrte ich ins Leere. Ich rührte mich nicht, saß dort wie einer, dem das Gehirn entfernt worden war. Auch versuchte ich nicht zu löschen. Irgendwann klickerte und klackerte es aber wieder hinter meiner Stirn, und ich überlegte, ob das alles nun echt sein sollte. Im letzten Moment verließ ich, wie von unsichtbarer Hand geführt, das Zusammenbrechen der glühenden Balken.

Das Ende der BRD war für mich ausgesprochen gefährlich. Es war, als wäre der kurze Seufzer der Geschichte nur ein Traum gewesen. In ihm hatte ich gelebt wie in einem Sanatorium, in dem es unheimliche Gespenster gibt. Hatte ich deswegen zum Leben so viel Distanz gehalten und so gar keine Ahnung, wie ich mich als *Kriegsenkel* mit der Wirklichkeit verbinden sollte? Hatte mir die Vorstellung, es gäbe gar keine Wirklichkeit, sondern alles sei nur Simulation, deshalb so gefallen? Es war egal, es war vorbei. Jetzt sollte da wieder Deutschland sein.

Aus der Telefonzelle am Ausgang der Kolonie rief ich ein Taxi. Es dauerte eine kleine Ewigkeit, bis es kam. Ich stieg ein und bat den Fahrer, mich in die nächste Wirklichkeit zu fahren. Wortlos drückte er seine Uhr und startete den Mercedes Diesel. Die Fahrt dauerte ewig. Langsam verschwand die zufällig generierte Umgebung vor den Fenstern in der Dunkelheit. Ich stellte mir vor, mit etwas Glück würde ich in einer Gegend landen, die übersät war mit natürlichen Rohstoffen wie Bäumen und Felsen, aus denen ich Werkzeuge herstellen konnte. Hätte ich Pech, würde ich mich auf einer kleinen Insel inmitten eines weiten Ozeans wiederfinden, ohne etwas Nützliches in Sichtweite.

Nach einer langen Zeit des Schweigens sagte der Fahrer abrupt: »Es gibt ein Bild von Klee, das Angelus Novus heißt. Ein Engel ist darauf dargestellt, der aussieht, als wäre er im Begriff, sich von etwas zu entfernen, worauf er starrt. Seine Augen sind aufgerissen, sein Mund steht offen und seine Flügel sind ausgespannt. Der Engel der Geschichte muß so aussehen. Er hat das Antlitz der

Vergangenheit zugewendet. Wo eine Kette von Begebenheiten vor uns erscheint, da sieht *er* eine einzige Katastrophe, die unablässig Trümmer auf Trümmer häuft und sie ihm vor die Füße schleudert. Er möchte wohl verweilen, die Toten wecken und das Zerschlagene zusammenfügen. Aber ein Sturm weht vom Paradiese her, der sich in seinen Flügeln verfangen hat und so stark ist, dass der Engel sie nicht mehr schließen kann. Dieser Sturm treibt ihn unaufhaltsam in die Zukunft, der er den Rücken kehrt, während der Trümmerhaufen vor ihm zum Himmel wächst. Das, was wir den Fortschritt nennen, ist *dieser* Sturm.«

Der Taxifahrer hatte sich das nicht selbst ausgedacht. Er hatte ein Zitat auswendig gelernt, was ich aber nicht wusste. Es stammte aus Walter Benjamins *Über den Begriff der Geschichte*, er konnte es aber so gut aufsagen, dass es klang, als ob es seine eigenen Worte wären. Damals fand ich es schlimm, wie er das aufsagte. Heute bin ich mir nicht mehr sicher.

Als es schon spät war, entliess mich der Taxifahrer in Wien vor dem Café Anzengruber. Ich betrat das bräunlich-gelbe Wirtshaus und aß, um nicht weiter aufzufallen, ein Schnitzel. Es schmeckte wie das beste Schnitzel, das ich je gegessen hatte. Ohne dass ich etwas davon ahnte, schrieb an diesem Abend Jean Baudrillard in Paris, die Menschen hätten aufgrund der Beschleunigung der Moderne eine »Raum-Zeit-Welt« verlassen, in der das Reale noch möglich gewesen wäre, und seien in die Simulation hinübergetreten. Heute lässt sich von dem Tempo, das der Soziologe beschwor, wenig entdecken. Dass alles langsamer wurde, lässt sich aber aufgrund einer optischen Täuschung damals noch nicht erkennen. Mit gedrosseltem Tempo lief die Wirklichkeit einem immer noch in die Zukunft strebenden Bewusstsein entgegen, was zu einer Gegenläufigkeit führte, die alles relativ schnell erscheinen ließ. Eine Relation, die sich wie die letzten Meter eines überdehnten Marathons ausnahm, bei dem sich die ausgelaugten Läufer wie in Zeitlupe bewegten und das Publikum ihnen einfach entgegenlief, um dem erschöpften Szenario mehr Dynamik zu geben. Es kam aber keiner ins Ziel. Das wurde beim Entgegenlaufen einfach vergessen.

## Tanzcafé Jenseits

Heute Abend sitze ich nach fünfundzwanzig Jahren wieder im Anzengruber und esse ein Schnitzel. Als ich über den Naschmarkt kam und in die Gasse einbog, hatte ich kurz Angst, die Portionen könnten im Anzengruber kleiner geworden sein. Sind sie aber nicht. Auch dieser Pessimismus wurde mir nur eingeredet. Alles schien wie immer, bis auf das Rauchen, für das ich jetzt in eine schwach beleuchtete Raucherabteilung gehen musste, vermutlich, um ein wenig Strom zu sparen.

Ich mag Orte, an denen sich nichts ändert, die so wirken, als drehe die Welt sich nicht weiter. Es passiert schon genug, ohne dass sich etwas ereignet. Stehengebliebene Orte können freundlich wirken, weil sie einem keine Entwicklung vorgaukeln, die nicht stattfindet. Manchmal eignen sie sich als Ausgangspunkte, um eine Fluchtlinie aus dem Kreisverkehr zu ziehen.

Flucht stammt vom niederdeutschen *fluggt*, fliegen. Die über die Ebene fliegenden Vögel ziehen Linien. Dem Bau des Hauses geht das Fluchten voraus. Für die Ordnung des Materials wird eine Gerade gezogen. Sie zeichnet die kommende Form vor. Im Fluchten erwacht das Gebäude, das in der Planzeichnung schlief. Ich sinke nur in die Sprache und fliege nicht aus dem Anzengruber raus.

Jean Baudrillard, der behauptete, wir hätten die *Raum-Zeit-Welt* schon verlassen, starb vor acht Jahren. Der mittlerweile aus der Aufmerksamkeit Gefallene gilt vielen als Verfasser von schrillem Unsinn. Zu Unrecht, glaube ich, mag ich die von ihm beschriebene Simulation auch als einen Effekt der Verlangsamung betrachten. An die haben sich alle einfach nur gewöhnt. Auch die von Baudrillard analysierte Trägheit des Sozialen wird mittlerweile durch optimierte Oberflächentechnik gut kaschiert. Vielfältige Ersatzwelten bieten Ausgleich für die vergangene Geschwindigkeit. Auch ich habe gelernt, die auf Täuschung gebauten Gefühle und Erfahrungen zu mögen, weil ich mir durch sie kühl zuschauen kann und analysiere, wie ich durch sie konstruiert werde. Entspannt stehe ich neben mir und schaue meiner Konstruktion zu. Ich tue mir auch nicht so leicht weh, wenn ich mich ständig auf einer Meta-Ebene bewege und mir dabei leicht verschoben von außen zusehe, ein bisschen *fake* bin und meinen eigenen *Kool Killer* spiele.

Auf der großen Oberfläche kann so schnell verkauft, gekauft, geliebt, gehasst, gewusst und vergessen werden. Das wirkt schnell, bewegt sich aber kaum. Alle Anstrengungen verlaufen sich, jede Beschleunigung löst sich auf.

Mit mehr Aufwand wird weniger erreicht. Einer anhaltenden Überproduktion ist jede Perspektive abhanden gekommen, außer die auf den eigenen Avatar. Vorstellungen der Zukunft sind durch austauschbare Variationen ersetzt worden, die sich aus Steckspielzeug zusammenbauen lassen. Alles Unbekannte, das einem zufallen könnte, wird abgewiesen durch seine Rückbindung an das Vertraute. Die Wirklichkeit zieht sich zurück auf das bereits Kartierte, bevor sich ein unerkundetes Terrain überhaupt eröffnen könnte.

Ich will mich bei dem großartigen Schnitzel aber gar nicht beklagen. Da gibt man nur eine schlecht gelaunte Figur und wirkt wie ein aus der Zeit gefallener Trottel. Auch ist alles gar nicht so fad, wie man denkt. Dafür benimmt es sich zu gut erzogen und gibt mir das Gefühl, auf meine Wünsche zu achten. Satt bleibe ich sitzen und gehe nicht mehr ins Tanzcafé Jenseits.

## Nichts geht mehr

Ich hocke so da, während die Stühle schon auf die Tische gehoben werden, und versuche zu verstehen, was es verunmöglicht, die *Raum-Zeit-Welt* zu verlassen, ich muss an ein Glücksspiel denken, das ich als Kind geliebt habe. Damals spielten wir es mit bunt bedrucktem Spielgeld. Heute gehe ich dafür in besondere Häuser, wo richtiges Geld in eine spezielle Währung aus Plastik getauscht wird. Die Damen bekommen für ihre Jetons ein Säckchen aus schwarzem Samt, während die Herren sie offen tragen.

Das Spiel basiert auf dem Gesetz der unendlichen Permanenz, was besagt, dass jedes zufällige Ergebnis unabhängig ist und nicht aus dem Vorhergehenden abgeleitet werden kann. Gegen die mathematisch nicht zu widerlegende Unberechenbarkeit des Kommenden wetten die Spieler auf die Zukunft, bis die Stimme des Croupiers wieder einmal sagt, »rien ne va plus«. Nach dem zum millionsten Mal *nichts mehr geht*, wird das Zukünftige, der Fall der Kugel, von einer Maschine zur Herstellung von Zufall erzeugt. Roulette praktiziert Nachhaltigkeit par excellence. Seit dreihundert Jahren spekulieren die Spieler auf den Fall in einem durchnummerierten Kessel. Er verteilt sich mit gleicher Wahrscheinlichkeit von 0 bis 36. Hat ein Spieler den *Coup* richtig gemutmaßt, erhält er das 36-fache seines Einsatzes von der Bank. Die Differenz von 2,7027027 %, welche aufgrund der Null als siebenunddreißigste Möglichkeit bleibt, fällt der Bank zu, die sie mit einem Rechen in einem schwarzen Loch verschwinden lässt. Von dort wird sie mit einem Fahrstuhl als Türmchen in strahlender Frische wieder aus dem Boden gehoben. Die Bank wagt in diesem Kreislauf nie, gewinnt aber immer. Mit jedem Kugelfall stellt sich die Ordnung durch den Zufall wieder her.

Wir, die Spieler, spielen weder gegeneinander noch zusammen. Was uns trennt und verbindet, ist der gemeinsame Gegner, die Bank. Das Glück kann uns kurzfristig einen Vorteil verschaffen. Aber je länger wir spielen, desto geringer wird die Chance, zu gewinnen. Der Vorteil der Bank, der die *Schneide*, the edge, genannt wird, arbeitet Minute für Minute gegen uns. Aber wir denken alle wie *Der Spieler* von Dostojewski: »Das ist ja richtig, daß von Hundert nur einer gewinnt. Aber was geht mich das an?«

Ich bin in einer Ordnung, und gleichzeitig bilde ich mir ein, mich darüber hinauszuheben. Ruiniere ich mich im Verlauf des Abends, nehme ich das persönlich. Für die anderen Spieler ist mein Bankrott aber bedeutungslos. Er interessiert niemanden, außer für ein paar Sekunden die Frau an der Garderobe, wenn sie mir meine Jacke reicht, bevor das Durcheinander der Nacht meine Schritte schluckt.

## Spielen ohne Gott

Die Erfindung des Roulettes bildet einen Ausläufer des späten Barock, jener Epoche, in deren Verlauf die Unsicherheit wuchs ob der Wirklichkeit dessen, was für die Wirklichkeit gehalten wurde. Die Zweifel an dem Zusammenfallen von Substanz und Erscheinung spiegelten sich in architektonischen Täuschungen, verwirrenden Ornamenten, Metamorphosen oder Verkleidungen. Es wurde versucht, Regeln in dem zu finden, was vielleicht nur zufällig war, die »eine Orientierung im Dickicht der Unsicherheit ermöglichten« (Esposito).

Die Zukunft bekam durch das Zweifelhaft-Werden Gottes einen zufälligeren Charakter. Genauer gesagt rückte dieser jetzt ins Bewusstsein. Als Phänomen war der Zufall schon lange bekannt und dem Reich der Göttin Fortuna zugeordnet worden. Solange es Götter gab, sorgten sich die Menschen auf der Erde nicht sonderlich um den Zufall. Jetzt konnten sie sich aber nicht mehr auf die Götter verlassen. Ihre Existenz stand in Frage. Zu den Anstrengungen, einen Ersatz zu finden, zählten die fiktionale Literatur und die Wahrscheinlichkeitsrechnung. Letztere entwarf Szenarien des Kommenden und berechnete deren möglichen Eintritt. Sie bot wie die Literatur eine »Realitätsverdoppelung« (Esposito), durch die sich über die zufälligen Umgebungen verständigt werden konnte. Roulette fasst die Bedrohung durch das unabsehbar Künftige in einer spielerischen Formalisierung zusammen.

Mit der Kybernetik, der großen Wissenschaftsfiktion des 20. Jahrhunderts, begann der Mathematiker Norbert Wiener die Wahrscheinlichkeitsrechnung in die Steuerung von lebenden und technologischen Systemen durch Kommunikation weiterzudenken. Zukunft versuchte er dabei durch eine von Störungen bereinigte mathematische Kurve aus der Vergangenheit zu ermitteln.

Der Zufall tritt in der Kybernetik in zwei verschiedenen Formen auf: als innerer und als äußerer Zustand. Vom inneren Zufall spricht die Kybernetik, wenn die Struktur eines Systems einen zufälligen Charakter trägt, da die Abläufe in seinem Inneren nicht vorherbestimmt sind. Beim äußeren Zufall handelt es sich um Störungen, die von außen auf eine Anordnung einwirken und diese von ihren Sollwerten abbringen.

Mit der Erfindung der Kybernetik wird die bis dahin eher theoretisch gehandhabte Fiktionalisierung der Zukunft zu einer auf die Wirklichkeit anwendbaren Technologie. Schon 1922 hatte der französische Philosoph Léon Brunschvicg erstmals darauf hingewiesen, dass es sich bei der Wahrscheinlichkeitsrechnung um eine

Methode zur Herstellung einer »defuturisierten Zukunft« handelt. Ihre Vorhersagen erzeugen eine Fiktion dessen, was sich ereignen könnte und treten damit an die Stelle einer ergebnisoffenen Zukunft. Das Unbekannte wird durch eine Ableitung der Vergangenheit vorbestimmt. Die Kybernetik konnte durch Brunschvicgs Überlegungen von Beginn an als eine Technologie gelesen werden, mit der Veränderung abgewendet werden kann.

## Fang den Zufall

»Sie sitzen mit linierten Papierblättern da, notieren die einzelnen Resultate, zählen, folgern daraus Chancen und rechnen, setzen endlich und – verlieren gerade ebenso wie wir gewöhnlichen Sterblichen, die wir ohne Berechnung spielen«, schrieb Dostojewski 1866 über die Glaubensgemeinschaft der Systemspieler in *Roulettenburg*. Es handelt sich bei ihnen um Wahrscheinlichkeitstheoretiker, die versuchen, die Möglichkeitshorizonte des zufällig Kommenden rechnerisch einzufangen. Sie entwerfen Fiktionen, deren Eintreten jedoch zufällig bleibt. Was einige von ihnen aber erkennen können, sind Unschärfen in der Wahrscheinlichkeitsverteilung des Zufälligen. Sie resultieren aus Abweichungen des jeweiligen Kessels, die dazu führen, dass dieser keinen reinen Zufall herstellt und absehbare Kurven sichtbar werden.

Aber es stellt sich die Frage, ob sich der Zufall als Bote des unbekannt Kommenden beim Roulette überhaupt entfalten kann? Oder ob das Potenzial der unvorhersehbar fallenden Kugel durch die ihn umschließende Ordnung der Bank aufgehoben wird? Wäre dies der Fall, würde die Rolle des Zufalls auf die eines Impulsgebers reduziert, der das Geschäft der Bank befeuert. Dem ist wohl so. Was sich als Lusterlebnis des Glücks ausgibt, ist durch seine ökonomische Anordnung absehbar vorherbestimmt. Und der Reiz liegt genau darin, möchte ich behaupten, in absehbaren Verhältnissen zu verlieren.

Zwar gewinnen einzelne Spieler immer wieder und sogar in Serien, was aber belanglos bleibt – die Anordnung wird davon nicht berührt. Am Ende des Tages teilt sich das eingebrachte Geld in der Summe nach dem ewig gleichen Verhältnis.

Die Mehrheit der Spielenden scheint mit dieser vorherbestimmten Verteilung des zirkulierenden Kapitals einverstanden: 90% der Menschen, die in die Wüste von Nevada fahren, verlieren in Las Vegas ihr Geld. Und 96% davon sagen, es habe ihnen gefallen, sie werden wiederkommen.

Diese Lust am Verlieren behauptet zumindest die Statistik, der rückblickend bilanzierende und durch die Faktizität des Vergangenen als wirklichkeitsnäher geltende Beobachter der Prognostik. Zahlen sind fragwürdig, aber hilfreich, um Wirklichkeiten zu konturieren. Ich muss die Statistik auch gar nicht für bare Münze nehmen, um mir die Frage zu stellen: Worin liegt der Genuss zu verlieren? Denn dass mit Genuss verloren wird, lässt sich unschwer in jedem Kasino beobachten.

Um nicht gleich wieder für andere zu sprechen, gehe ich erst einmal von mir aus. Solange ich verliere und beim Roulette ziemlich genau absehen kann, dass ich verlieren werde, wähne ich mich in einer stabilen Ordnung. Ich zahle mit meinem Einsatz für die Reise in eine Wirklichkeit, in der alles bleibt, wie es ist.

Es handelt sich um eine unterschwellige Gewissheit. Fast niemand sagt, ich bin gerade verunsichert und gehe jetzt mal, um mich zu beruhigen, ins Kasino, wo ich sicher Geld verlieren werde.

Eher biege ich, während ich behaupte, auf der Suche nach dem Glück zu sein, klammheimlich ab in ein Labyrinth aus Sackgassen, die zu meiner Niederlage führen. Ich tue es so geheim, dass es mir selbst oft nicht einmal auffällt. Die unterbewusste Ahnung dessen, was passieren wird, schmeichelt meiner Selbstliebe. Das Spiel entfaltet sich zu einem Inventar der Sicherheit. Mit ihm kann ich mich aus dem zufälligen Durcheinander des In-der-Welt-Seins hinausheben, was mir eine ironische Distanz zu ihr, aber auch zu mir selbst erlaubt. Die Illusion, sehend zu sein, zu wissen, was passieren wird, erlaubt es mir, meine Wünsche zu kontrollieren und mich ihnen gleichzeitig im Rahmen des Spiels auszuliefern.

Die Genusskapsel des Kasinos entfaltet sich in ihrem Inneren als ein Ort der Ortlosigkeit. Sie bildet einen Schutzraum und gleichzeitig eine Art Modell der Außenwelt. Als Gast betrete ich es wie ein anderes Land. An der Grenze muss ich mich ausweisen, werde identifiziert und registriert. Ist meine Identifikation nicht zufriedenstellend, bleibe ich draußen.

In die Welt, in die ich hinübertrete, dringt meist kein Sonnenstrahl. Jeder Luftzug wird von der Klimaanlage reguliert. Das Zeitgefühl hebt sich auf. Nirgendwo kann ich eine Uhr entdecken. Weiche Teppiche schlucken die

Geräusche meiner Schritte. Jeder Zentimeter im indirekten Licht wirkt mit Bedacht arrangiert. Alle Winkel sind videoüberwacht. Es ist eine Welt, die sich im Griff hat. Der Kosmos einer inszenierten Paranoia, in dem plötzlich alles eine Bedeutung haben kann, erscheint als paradiesischer Erlebnisraum. Hier werde ich gesehen, und dabei bewege ich mich in einem seltsamen Halbdunkel.

Im Keller des Warschauer Hotel Europa gibt es eine besondere Variante dieser Spiegelwelten des Außen. In der raffinierten Architektur verlieren die eintretenden Spieler zunächst jede Orientierung und den Bezug zu den Himmelsrichtungen. Die Räume sind rund, um die ebenfalls runden Tische gebaut, während die ausschließlich weiblichen Angestellten atemberaubend vulgär in Kreisen durch das Szenario marschieren, um zwischen den hell schimmernden Lichthöfen des angeblichen Glücks, im Bauch dieser künstlichen Mutter, laufend die Aschenbecher auszuleeren. Ein schwindelerregendes Kopfkarussell, auf dem die Fahrenden glauben, für einen Moment am Leben zu sein, und gleichzeitig vollkommen abwesend bleiben.

## Wie du gewünscht haben wirst

Durch die Weite des Westens schlängelt sich eine übersicherte Lustmaschine, die allen hilft, sich an ihren vertrauten Wünschen festzuhalten. Aktuell organisiert sich dieser Konservatismus unter dem Begriff *big data*. Bei dieser Form von Prognostik handelt es sich um einen Glaubensersatz, der mittlerweile so viel Selbstbewusstsein angehäuft hat, dass er für sich Allgemeingültigkeit beansprucht. In seinen Gestellen werden komplexe Datenströme durch Filterung zu statistischen Werten vereinfacht, die die jüngste Wirklichkeit samt der Wahrnehmung ihrer Akteure auf ein berechenbares Muster reduzieren. Aus dem Mittelmaß der Wünsche und der Kalkulation des Möglichen werden Fiktionen der nahen Zukunft berechnet. *Big data* basiert wie Religion auf der Annahme der Notwendigkeit einer lenkenden Hand, der *manus* des Managements, welche der Fiktion eine Gestalt gibt, die, wer will, mit Wirklichkeit verwechseln kann.

Das Management zeichnet das Bild aber nicht allein. Die Gezeichneten müssen schon an *big data* glauben, um erfassbar zu sein, und beichten, damit die Wünsche überhaupt berechnet werden können. Die Gläubigen wenden sich *big data* zu, damit der große Datendurchlauferhitzer sie überhaupt erkennt, um sie mit den entsprechenden Wunschmaschinen zu verbinden. Viele glauben an *big data*, weil sich die Befürchtung herumgesprochen hat, sonst nicht mehr Teil der Konstruktion des Kommenden zu werden, und dass es gar keine andere Wirklichkeit mehr gäbe. Außerhalb von *big data* existierte dann nichts, wer offline ist, den gäbe es nicht. *Big data* ist insofern orthodox, als dass es jede Wirklichkeit außerhalb seiner selbst zu leugnen versucht. Der Glaube, *alles sei erfassbar,* wirkt außerhalb seiner inneren Wirklichkeit schlicht ein bisschen psychotisch, aber das ist egal. Hinter dem sich fröhlich anpreisenden Glaubenskonstrukt von *big data* atmet ein tiefer Pessimismus, dem alle positiven Erwartungen an die Zukunft verloren gegangen sind, weshalb sich die Maschinerie in ein gigantisches Gefäß ständig recycelter Gegenwart zurückgezogen hat, aus dem es abwehrt, was einfach passieren könnte.

## Technologischer Mönch

Die Suche nach einer berechenbaren Umgebung, die möglichst unverändert bleibt, bildet schon das zentrale Motiv der Lebensgeschichte von Howard Hughes. 1938 umrundet der exzentrische Filmproduzent den Erdball in Rekordzeit. Nach acht Tagen landet sein Flugzeug wieder an dem Punkt, an dem es ihn in die Luft gehoben hat. Die Erfahrung des sich schließenden Kreislaufs soll den Luftfahrtpionier dazu gebracht haben, behauptet der Beschleunigungstheoretiker Paul Virilio, in der Geschwindigkeit die Sehnsucht nach ihrem Gegenteil zu entdecken: »Sein Wunsch nach Bewegung ist nur der Wunsch nach Trägheit, der Wunsch danach, das eintreffen zu sehen, was bleibt.«

Es sollten aber Jahrzehnte vergehen, bis Hughes sich in einen kleinen Raum einschloss, um etwas zu finden, was blieb. Zuvor nomadisierte er zwischen seriell eingerichteten Wohnungen, die einander glichen wie ein Ei dem anderen.

1966 verschwindet er in eine maßgeschneiderte Wohnzelle, die sich in dem von ihm am *Las Vegas Strip* erbauten Hotel-Kasino *Desert Inn* befindet. Eine kleine Kammer, getrennt vom Licht der Sonne. Hughes packt sich in schwarze Watte und atmet tiefe Dunkelheit. An die Stelle des fehlenden Ausblicks wird das kontrollierte

Bild eines Filmprojektors geschoben, der immer wieder dieselben Filme in Endlosschlaufen zeigt.

Virilio heroisiert die Anstrengungen des »technologischen Mönches«, den er zu einem Suchenden stilisiert, der in einem isolierten Zustand der Trägheit dem nachjagt, was bleibt und nicht weitergeht.

Bei Howard Hughes übersteigert sich die Angst vor der Veränderung – dem Verlust dessen, was bleibt – zu einer zwanghaften Phobie vor Bakterien, gegen die er sich in einer künstlichen Askese verschließt. Seine Junggesellenmaschine formt einen antiseptischen Panzer gegen das Leben, in den nichts Unbekanntes eindringen soll. Es ist auch eine Apparatur, die verhindert, dass etwas zufällig passiert, dass der Zufall eintritt.

Statt aus dem Fenster zu schauen, sucht er in den sich wiederholenden Filmen, die er schon kennt, nach einer maximalen Kontrolle des Ausblicks. Sein Schutzraum steigert die Übersicherung des Kasinos ins Extrem und erweitert sie durch den Verzicht. Er schützt sich gegen seine Wünsche. Er könnte alles Vorstellbare essen, tut es aber so selten wie möglich. Er könnte spielen und unterlässt es. Er unterhält einen Wartesaal bezahlter Bräute, die er nicht trifft. Er lebt in einer Wunschmaschine, in der alles verfügbar scheint, ohne es in Anspruch zu nehmen, um das scheinbar Unverfügbare zu finden – den absoluten Stillstand, in dem nichts mehr *weiter*geht.

Der wohlhabende Asket und Pionier versucht, seine Sehnsüchte im potenziellen Überfluss aufzuheben, um jede Störung abzuweisen, die seine Wünsche freisetzen könnte. Er strebt nach einer Abwesenheit seiner selbst, in der sich das Leben so geschützt verwahren lässt, als wäre er schon gestorben und hätte alle Gefahren hinter sich gelassen.

## Herren der Materie

Junggesellenmaschinen streben nach einer Form von Autonomie. Sie glauben sich unabhängig von der Energiezufuhr, entwerfen sich als Perpetuum Mobile und überwinden den zweiten Hauptsatz der Thermodynamik. Sie befreien sich von der Schwerkraft, wie die Antigravitationsmaschinen, und schweben oberhalb der Materie, statt sich mit der ihr sprachlich innewohnenden *mater*, Mutter, zu verbinden.

Junggesellen weigern sich, das Leben fortzupflanzen und sich mit einer Gemeinschaft zu verbinden, die sich nicht ihrer Kontrolle unterordnen würde. Der Möglichkeit stellen sie das Bild ihrer Funktionalität gegenüber oder feiern diese in Maschinen, die sich im geschlossenen Kreislauf selbst erhalten. Es sind Betriebsphantasien verkapselter Welten, in denen sich der Einzelspielermodus des Junggesellen als unberührbar stilisieren kann.

Der klassische Prototyp und gleichzeitig dessen skeptische Analyse findet sich in Marcel Duchamps berühmtem Objekt *Die Braut von ihren Junggesellen nackt entblößt, sogar (La Mariée mise à nu par ses Célibataires, même).* In ihm wird die Frau und potenzielle Mutter als Skelett der *Braut* in die *vierte Dimension* der *Milchstraße*, der oberen Hälfte des *Großen Glases,* verbannt.

Die männlichen Gussformen der Junggesellen betrachten sie über eine Grenze aus der unteren Hälfte. Sie nähern sich ihr nicht, bleiben auf dem *Friedhof der Uniformen und Livreen*. Sie fürchten ihre Auflösung und bekümmern ihre Begehren eigenhändig mit der *Schokoladenreibe*.

Die 1915 begonnene und erst acht Jahre später vollendete *Junggesellenmaschine* formt einen geschlossenen Kreislauf. Im übertragenen Sinne wurde ihr Bild immer wieder für den psychischen Apparat des modernen Künstlers verwendet, der sich durch Formung zum Herren der Materie aufschwingt.

Eine Beschleunigung erfährt die ästhetische Technologie des männlichen Machterhalts in der US-amerikanischen Konzeptkunst Ende der sechziger Jahre. Ihre Protagonisten legen das Material fast völlig zur Seite und delegieren den Umgang damit an einen anonymen Dritten, den »Assistenten«. Diese Arbeitsteilung entzieht sich dem möglichen Verlust der Kontrolle über die Affekte und das Ungenügen des Künstlers. Sie verpanzert sich auch gegen das Widerspenstige der Materie und ihren nicht zu handhabenden Eigensinn, in dem die Geschwindigkeiten des Unbekannten lauern.

## Fehler als Passage

Das Ereignis der Materie wie das Spiel haben das Potenzial, die Kontrolle zu unterlaufen. Dem leidenschaftlichen Spieler Marcel Duchamp kann nicht gerade unterstellt werden, dass er immer derselbe bleiben wollte.

Eine Zeit lang spielte der katholische Künstler mit dem Gedanken, sich einen jüdischen Namen zu geben. Er entschied sich aber dafür, nominal eine Frau zu werden, und gab sich den Namen Rrose Sélavy. Die sprachliche Imagination der Travestie spielt durch die Verdoppelung des R mit den Sentenzen: der Rose des Lebens *(la rose de la vie)*, auf das Leben trinken (*arroser la vie*) und Eros ist das Leben (*éros c'est la vie*).

Im zufallsoffenen Spiel der Sprache erkannte Duchamp eine Verwandtschaft zur Malerei, wie er in einem Interview erklärt: »Manchmal kommen vier oder fünf verschiedene Bedeutungsebenen durch. Wenn Sie ein wohlvertrautes Wort in eine fremde Atmosphäre verlegen, so haben Sie etwas, was mit der Verzeichnung in der Malerei vergleichbar ist, etwas Unerwartetes und Neues.« Die Verzeichnung, der Fehler, wandelt sich zur Möglichkeit.

Mit dem Namen Rrose Sélavy zeichnet Duchamp auch bei dem Versuch, eine Aktiengesellschaft zu gründen, mit der er seine Leidenschaft für das Roulette finanzieren will. Das Unternehmen scheitert als das, was es werden sollte. Es führte aber zu der Collage *Obligation pour la Roulette de Monte-Carlo.* Sie zeigt Duchamp über einem Roulette-Kessel in der Pose eines eingeseiften Herkules, jenes Helden, der sich durch die zwölf Aufgaben des Orakels von der auf sich genommenen Schuld befreit, indem er sich reinwäscht.

## Die Wascharbeiter

Du sagst, wenn es sich schließt, aber nicht verschließt, bleibt eine Öffnung, ein Rest, der sich durchdringen lässt, in dem etwas, was fremd bleibt, zum Eindringling wird. Auch die Kreisläufe des Roulettes und ihre Kontrolle des Zufalls sind verschlossen, werden aber immer wieder unterlaufen. Eine List, der es gelingt, sie zu durchwirken, beobachtete ich vor einigen Tagen in dem Kasino in meiner Nachbarschaft. Ich hatte dieses Kasino bisher gemieden. Warum? Ich weiß es nicht. Kaum war ich eingetreten, staunte ich schon über den ungewöhnlichen Stil einiger Spieler an den amerikanischen Tischen. Es dauerte eine Weile, bis ich zu ahnen begann, warum sie ihre Jetons so inflationär über den Tisch verteilten, bis sich ihre Gewinne im Verhältnis zum Einsatz wieder aufhoben. Erst als es mir erklärt wurde, begriff ich, wie virtuos sie dabei eine Ordnung umdeuteten. Sie halten sich an die Regeln, spielen aber unter verschobenen Annahmen ihr eigenes Spiel. Sie verlassen die Illusion, um das Kasino zu zweckentfremden. Als Spieler, die keine sind, sondern sich nur als solche tarnen, wollen sie nicht gewinnen. Sie lassen sich aber auch nicht von dem trägen Wohlgefühl verführen, in Sicherheit zu verlieren. Ihr Ziel liegt in der Reinheit, oder genauer, jener Illusion davon, die die falsche Ordnung einfordert. Geld, das als schmutzig gilt, wandelt sich in einen sauber versteuerten Kasino-Gewinn, wenn sie es über den Roulette-Tisch austauschen. Dessen Spielapparatur wird zur Waschmaschine entfremdet. Für den Vorgang der Säuberung nehmen die Waschenden einen gewissen Verlust ihres Einsatzes in Kauf und zahlen eine Art Zehnten. Was gegen diesen Ablass diskret geduldet wird, das Tauschen, darf aber nicht zu offensichtlich werden. Die Waschenden können nicht einfallslos und risikoneutral gerade gegen ungerade setzen. Dafür gibt es zu viele Anwesende, die den doppelbödigen Umgang mit dem Gesetz nicht dulden. Um den Schein zu wahren, es ginge um das, worum es hier allen geht, mimen einige der Waschenden schon mal das Drama. Da tut einer so, als wäre seine wilde Streuung der Jetons die Verzweiflung eines ungeliebten Reederei-Erben, der rachsüchtig das Vermächtnis des Vaters verbrennt. Ein anderer scheint den Absturz eines melancholischen Vogels darzustellen, der aus dunklen Wolken seine monetäre Existenz regnen lässt, bevor er sich in einer Absteige um die Ecke die Kugel gibt.

Das gewaschene Geld wird durch den etwas zu lauten Ausruf, »ein, nein zwei Stücke für die Angestellten«, als Gewinn verkauft. Das Theater erhält die Atmosphäre des Ortes.

Von der kriminellen Intelligenz der Waschenden, die bei den anderen Spielern sehr unbeliebt sind, lässt sich lernen: Es hilft, die Versprechen einer Ordnung zu vergessen, um sich freier in ihr zu bewegen. Eine solche Umdeutung greift die Stabilität der Ordnung zwar nicht an, erlaubt es aber, in ihr Freiräume zu entfalten, aus denen heraus beschleunigt werden könnte.

## Ökonomiepessimismus

Bei den Methoden der Vermeidung des spekulativen Risikos bei der Geldwäsche im Kasino mag es sich vielleicht einfach nur um Formen der Subversion handeln, mit denen sich der gegenwärtige Kapitalismus stabil hält. Schuld wird so lange im Kreis herumgereicht, bis sich alle die Finger schmutzig gemacht haben und das Karussell nicht mehr verlassen können. Ich schreibe Dir aber aus einem anderen Grund davon: Es half mir, die Absicherungsstrategien im Hochfrequenz-Handel an den Aktienmärkten besser zu verstehen. Seit dem Einbruch an den Finanzmärkten 2008 versauerte das Börsengeschäft immer öfter zu einer mutlosen Angelegenheit. Unkontrollierte Überschreitungen, »irrational exuberance«, wie der Ökonom Alan Greenspan die sorglosen Exzesse vergangener Tage einmal nannte, als die Spekulanten mit den Schuldscheinen Orgien feierten, werden inzwischen vermieden. Nach dem Absturz musste das Spiel sich neu erfinden. Jetzt regieren Zügelung und Askese das Geschäft. Das Kapital wettet nicht mehr auf die Zukunft, sondern bewegt sich geschmeidig und zurückhaltend auf den Wellen eines zufälligen Rauschens. Ohne an das Kommende zu glauben, treiben Anlageautomaten wie Wellenreiter im Meer der in Geld formulierten Erwartungen. Mögen die Derivate und Futurebonds auch eine Annahme auf die Zukunft behaupten, werden sie anders verstanden: Ihre Abstraktion schwebt über dem Spalt zwischen *gerade eben* und *noch nicht*. Der aus der Gegenwart Springende kann sich aber keine Landung mehr vorstellen und springt ab, bevor er springen könnte. Erkennen die Sensoren der Spekulationsmaschinen das Ansteigen eines Wertes, hängen sie sich als Trittbrettfahrer an die Entwicklung. Extrem kurz, für das menschliche Auge nicht mehr zu erkennen, lassen sie sich mitreißen von der Entwicklung, die sich in der Aktie abzeichnet. Sie gleiten auf der Welle. Um der Gefahr auszuweichen, an der Verlangsamung, dem Fall des Wertes teilzuhaben, springen die auf Vorsicht programmierten Apparate aber schon nach Bruchteilen von Mikrosekunden wieder ab. Jede Wette auf die Zukunft wird gemieden. Die Apparate rechnen rasend schnell, um die Bewegung, der sie sich mit kraftloser Kleinmut anschließen, sofort wieder zu verlassen. Die Hochgeschwindigkeit auf der Ebene der Rechenleistung flieht vor der Bedrohung durch das, was kommen wird, wählt den Ausstieg gegen die Gefahr. Sie bleibt eine technologische Variation der Nervosität, die sich in ängstlicher Lähmung kaum vom Fleck bewegt.

Die bescheidenen Margen dieses auf Vermeidung ausgelegten Börsengeschäfts versuchen die Investoren durch inflationäre Wiederholung auszugleichen. Die Methode operiert relativ reibungslos, abgesehen von einigen Unfällen, bei denen die kurzsichtigen Maschinen übersahen, dass sich zu viele von ihnen auf das Gleiche stürzten.

Was Erfolg hat, wirkt wie ein Heer schiffbrüchiger Roboter, die sich an die Planken eines zerbrochenen Schiffes klammern. Es sind Bewegungen, die sich aufgegeben haben, aber durch Technologie selbst erhalten.

Der Spekulant, von dem behauptet wird, er wäre der Held unserer Tage, scheint eine verschwindende Spezies zu sein. Sein Nachfolgemodell, das maschinelle Investment, versucht jeder gewagten Behauptung aus dem Weg zu gehen. Intuition, die riskante Geschwindigkeitsüberschreitung des Denkens, wird vermieden. Bei dem, was Spekulation genannt wird, handelt es sich meist nur um eine Hochstapelei, die vortäuscht, weiterhin auf gewagte Annahmen zu setzen, während sie sich durch Minimierung des Risikos auf den Selbsterhalt konzentriert.

Das Szenario eines jeden Ausflug vermeidenden Dagobert Duck, der seinen Geldspeicher nicht mehr verlässt und sich im ewigen Schatten isoliert, mag für manche kulturpessimistisch klingen. Aber welche Kultur soll sich verdunkeln, wenn sich ganz Entenhausen auf das Ökonomische reduziert hat? Für eine Haushaltung, der jeder Glauben an die Zukunft abhanden gekommen ist, gibt es die besten Gründe, schwarz zu sehen, weshalb der Begriff Ökonomiepessimismus angebracht wirkt.

## Maschine ohne Eigenschaften

Mein Brief hat lange auf sich warten lassen. Ich hatte keine Zeit, Dir zu schreiben, da ich jeden Tag zum Roulette gegangen bin. Dabei habe ich gar nicht gespielt. Ich habe nur geschaut. Was ich suchte, wusste ich selber nicht so genau, bis ich plötzlich erkannte: Roulette lässt sich als Vorfahr des Homöostaten betrachten. Bei beiden handelt es sich um Maschinen, die Zufall in den Selbsterhalt eines Gefüges verwandeln.

Wir sprachen öfter vom Homöostaten, und meine Faszination blieb Dir fremd. Auch auf die Gefahr hin, Dich zu langweilen, fange ich jetzt noch einmal davon an. Er ist eine der ersten und bis heute geheimnisvollsten kybernetischen Maschinen. Konstruiert wurde er von dem britischen Psychiater William Ross Ashby kurz nach dem Ende des Zweiten Weltkriegs. Genau genommen ist er das Modell einer Maschine, die sich in Echtzeit reguliert. Durch ein Wechselspiel aus Statistik und Zufall setzt er seine innere Anordnung immer wieder in ihren ursprünglichen Zustand zurück. Dies gelingt, da die Maschine auf eine Art ergebnisoffen bleibt. Mit dem Homöostaten beginnt die Verwirklichung der Sehnsucht des Menschen, das Gehirn als Maschine zu bauen. Der technologische Nachbau der Natur besticht durch Klarheit: Eingangsstrom fließt durch eine Spule und erzeugt ein Magnetfeld, das ein Drehmoment auf einer Nadel auslöst. Dies lenkt den Strom, der mit drei weiteren Einheiten desselben Aufbaus durch Rückkopplungsschlaufen verbunden ist. Das Modell kann sich in zwei Zuständen befinden: Es kann stabil sein oder instabil. Ist es instabil, beginnt es sich selbsttätig unter Anwendung zufälliger Algorithmen aufs Neue zu konfigurieren. Gelingt es im ersten Anlauf nicht, den stabilen Zustand wiederherzustellen, wird automatisch eine weitere Abfolge von Operationen nach dem Zufallsprinzip in Gang gesetzt. Der Vorgang wiederholt sich, bis sich das Modell wieder auf mittlerem Niveau eingependelt hat. Die Eigenschaft, unausweichlich nach jeder Störung den stabilen Zustand wiederherzustellen, ist das Hauptmerkmal dieser ansonsten eigenschaftslosen Maschine.

Du fragst, was faszinierend sein soll an einem Apparat, der mithilfe des Zufalls versucht, immer derselbe zu bleiben? Der sich als der wiederherstellt, der er war? In dem Gefüge aus vier Blöcken, die mit Kabeln untereinander verschaltet sind, formalisiert sich die Grundanordnung jener Dynamik aus Anziehung und Abstoßung, mit deren Reihung es dem Leben gelingt, sich selbst zu erhalten. Es ist eine zu diesem Zeitpunkt völlig neue Maschine, die im Unterschied zu allen anderen ihren Betrieb fortsetzen kann, wenn es zu einer Störung kommt. Sie bildet den Versuch einer technologischen Formalisierung der Fähigkeit des Gehirns und des Lebendigen, sich anzupassen, um sich selbst zu erhalten.

Ashby versuchte, den Selbsterhaltungstrieb des Menschen zu ergründen. In einem viel übertrageneren Sinne tickt im Homöostaten aber auch eine untergründige Heldenfigur, die seit über hundert Jahren immer wiederkehrt. Seine unbestimmten Antworten erlauben es Bartleby, den auftretenden Verstörungen zum Trotz, an seinem Arbeitsplatz im Büro und der zu bleiben, der er war. Er sagt nicht, was er will oder was er nicht will. Er hält das Ende des Satzes, an dem sich der Wunsch oder die Ablehnung formulieren könnte, offen. Aber Bartleby kommt mit seiner Unbestimmtheit in keiner Zukunft an, er löscht sich aus. Er wiederholt die unbestimmte Abgrenzung, statt sich auszutauschen. Er vermischt sich nicht mehr mit Nahrung, außer ein paar Nüssen. Traumatisiert von der erlebten Einsamkeit auf dem Friedhof der Briefe, die ihre Adressaten nie erreicht haben, dem *dead letter office*, stürzt er sich in die dunkle Akzeleration und beschleunigt das Herannahen des eigenen Todes. Er sagt ja, ohne es auszusprechen, und fährt ab. Dieses Ja ist zwar ein Ja, aber ein Ja zum Tod, also ein Nein zum Leben.

Was an Bartlebys Gestus des Unausgesprochenen wie an seiner fatalen Konsequenz so verführerisch wirkt, scheint vom Phantasma getrieben, die eigene Reinheit zu bewahren. Bartleby, der eine Projektionsfläche für die Sehnsucht nach Reinheit anbietet, fällt aber am Ende nichts anderes mehr ein, als sich auszulöschen.

Fordert Bartlebys Tod nicht dazu heraus, sich zu vermischen und zu verunreinigen?

## Bitte nochmal

Kinder lieben es, die gleiche Geschichte *nochmal* zu verlangen, und werden nicht müde, genau diese immer wieder zu hören. Die Wiederholung scheint für sie anziehender, als etwas Neues kennenzulernen. Liegt die Quelle der Lust an der Wiederholung in der Rückkehr in die einmal verlassene Identität, also darin, zu versuchen, wieder jene Person zu werden, die die Geschichte zum ersten Mal hörte?

Am Morgen wache ich immer um die gleiche Zeit auf. Ich koche Kaffee und trinke ihn aus einer Tasse, die mich seit einer kleinen Ewigkeit begleitet. Meine Hände drehen den Tabak der selben Marke zu einer Zigarette und mein Mund freut sich, wenn sie wieder wie gestern schmeckt. Während ich rauche, setze ich mich an den Tisch und schreibe ein paar Worte in ein elefantengraues Heft, so, als wollte ich herausfinden, ob meine Handschrift noch die ist, die sie war. Anschließend wiederhole ich ein Dutzend anderer Handlungen, um mich zu vergewissern, derselbe geblieben zu sein. Je ungestörter sich das Vertraute zeigt, desto mehr wiege ich mich in Sicherheit.

Veränderungen vollziehen sich oft schleichend, um die mit ihnen verbundene Unsicherheit zu kaschieren oder abzufedern. Fast unmerklich entfernt sich etwas von dem, was war. Manchmal bilde ich mir ein, darauf Einfluss nehmen zu können. Manchmal versuche ich dies, indem ich einen Vorsatz formuliere. Ich wiederhole diesen Vorsatz, bis sich die Veränderung in dem Moment einstellt, in dem ich die Hoffnung aufgegeben habe, es würde sich jemals etwas ändern.

Bei den meisten Veränderungen stehe ich mehr oder minder im Wege. Es gibt aber auch abruptere Veränderungen, die aus keinem Vorsatz resultieren. Sie passieren, fallen einem zu, verändern durch Zufall.

Homöostaten operieren als Apparate der Wiederholung. Sie holen den alten Zustand wieder zurück, der *fort zu sein* scheint. Sie können aber auch als Fahrzeuge in die Veränderung dienen. In ihrer Zweischneidigkeit zeigt sich eine erstaunliche Kippfigur zwischen Totem und Lebendigem. Die eine Seite kippt in eine Bewegungslosigkeit der Stasis. Die andere Seite kippt in die ergebnisoffene Bewegung. Anders als alle anderen Maschinen vor ihr, die vorhersehbar auf Befehle reagierten und aufhörten zu arbeiten, wenn sich etwas veränderte, verfügt der Homöostat über ein Handlungspotenzial. Er »tat Dinge in der Welt, die sozusagen aus ihm herauskamen und nicht vollständig im Vorhinein von außen spezifiziert waren«, formuliert der Wissenschaftstheoretiker Andrew Pickering das Neue von Ashbys Modell. Es ist der Prototyp einer kybernetischen Maschine, die sich ins Ungewisse bewegt und auf eine zufällige Umgebung reagieren kann. Dadurch verfügt der Homöostat über das Potenzial einer Kriegsmaschine. Stasis bezeichnete schon in der griechischen Polis den Bürgerkrieg, zu dem es kam, wenn sich Gruppen mit unterschiedlichen Standpunkten blockierten und bekämpften. Er liefert die Vorlage für viele Strategien der Deeskalation, mit denen die Wünsche und das Unbehagen der Regierten in der Demokratie oft gebrochen werden.

## Abschied von der Seele

Lange vor diesen Übertragungen des Modells auf Methoden der angewandten Steuerung verwirklichte der Homöostat aber zunächst das Phantasma, ein lebendes Bewusstsein im Modell nachzubauen. Der menschliche Geist sollte in der Fortsetzung der Aufklärung kein Geheimnis mehr bleiben, sondern technologisch analysiert werden. Die wissenschaftliche Bewegung des Behaviorismus, die das verbliebene Dunkel ausleuchten wollte, war zunächst als puritanische Revolte gegen die Selbstbeobachtung und das damalige Verständnis von Psychologie angetreten. Einer ihrer Wortführer, John Broadus Watson, hatte 1913 geschrieben, »ein Bewusstseinszustand ist weder definierbar noch sonst ein brauchbares Konzept, er ist nur eine Umschreibung für das Wort ›Seele‹ … Niemand hat jemals eine Seele berührt oder sie in einem Reagenzglas gesehen.« Da sich mit solchen »unzulänglichen« Begriffen nicht arbeiten ließe, müsse die Psychologie an den Nagel gehängt werden, oder die sogenannte Seele durch die Methoden der Physik betrachtet werden.

Das Phantasma der vom Menschen nachgebauten Seele errang durch den Bau des ersten Homöostaten fünfzig Jahre später einen Etappensieg. Ashby entwickelte das Modell einer Ausgleichsmaschine aus dem Konzept der biologischen Homöostase. Dabei handelt es sich um eine Form der Selbstorganisation in lebenden Organismen, mit denen diese Abweichungen ihrer inneren Parameter wie dem Blutzucker selbsttätig ausgleichen, um sich im Dschungel der äußeren Störungen erhalten zu können.

Der Homöostat vereinigt in sich fast gegensätzliche Möglichkeiten. Als Nachbau des Lebendigen stellt sich sein Systemprinzip immer wieder her als das, was es war, es erhält sich selbst. Es tut dies als Maschine, die sich in eine scheinbare Ewigkeit selbst repariert.

Die von Ashby technologisch formalisierte Selbsterhaltung steht im Unterschied zu den anderen Modellen der entstehenden Kybernetik in keinem abweisenden Verhältnis zum unberechenbar Zufälligen. Sein Systemprinzip bleibt gegenüber dem Ausnahmezustand, in den es von der Störung versetzt wird, souverän. Dies gelingt, weil es das Zufällige umarmt und in sich aufnimmt. Ihm gelingt der Spagat, sich mit dem Zufälligen zu bewegen und in seinem Systemprinzip wieder zu werden, was er war. Um die laufende Einbindung der Störungen zu ermöglichen, schaut die Dynamik des Homöostaten nicht nach vorn und nicht zurück, sondern reagiert allein in der Gegenwart. Was von außen auf sie zukommt, gleicht sie durch den Zufall aus. Der Zufall erlaubt es der Maschine, sich einer unbekannten, gleichfalls zufälligen Zukunft zu öffnen. Das Kommende lässt sich aufschließen, aber auch abschließen. Die Kippfigur im Inneren des Homöostaten kann das Lebendige der Störung zur Erstarrung bringen, indem es sie durch die Wiederherstellung des Systemprinzips neutralisiert. In ihr wird die Zeit zu einem ewigen Strom, der das Licht der Träume davonträgt. Die erstarrten Störungen bleiben nicht dort, um in der Schlafmaschine zu sterben, sondern wegen der Ewigkeit, einer sich immer weiter erhaltenden Erstarrung.

Durch ihren Schlüssel in die nicht enden wollende Wiederholung wurden Homöostaten Teil jener verführerischen Kraft des Kapitalismus, den Eindruck zu hinterlassen, man sei in einem Zustand der Ewigkeit, in dem es keine Alternative mehr gibt. Es hört nicht mehr auf, das Karussell dreht sich immer weiter und vermittelt den auf ihm Überlebenden den Eindruck, jedes Ende hinter sich gelassen zu haben. Gehüllt in Ewigkeit entsteht ein Paralleluniversum, das schon längst gestorben sein müsste. Der Tod löst sich in ein Ornament auf, in dem sich das Sein mit Freiheit verwechselt. Alles verliert sich in Wiederholungen, die nicht mehr von dieser Welt scheinen. Überall ist ganz viel Tod und gleichzeitig kann man ihn nicht sehen.

## Geld brennt

An einem der amerikanischen Tische häuft heute Nacht ein großer Blonder innerhalb weniger Minuten über zehntausend Euro Gewinn an. Er spielt so erfolgreich, dass er dem Croupier, der sich ständig gegen ihn verrechnet, auf dem Taschenrechner seines intelligenten Telefons die Ausschüttungen vorrechnen muss. Die Überforderung des Croupiers scheint ihm aber egal. Er hilft sich selbst. Trotzdem gibt er ihm ein dreistelliges Trinkgeld und legt die gönnerhaften Worte oben auf, »nehmen Sie das, ich werde sowieso alles wieder verbrennen«.

Der Blonde ist kein *Gentleman-Spieler*, er zeigt zu viel Gefühl gegenüber Gewinn und Verlust. Es fehlt ihm an Teilnahmslosigkeit. Er hält sich am Geld fest, er kann es nicht loslassen, ständig greift er danach, statt es der Zirkulation zu überlassen. Trotzdem wirkt er einnehmend. Ist es sein Lächeln? Jetzt ordert er Champagner. Meine Begleitung glaubt für einen Moment, er hätte uns dazu eingeladen, was aber nicht der Fall ist. Seine Getränke zahlt hier jeder selbst.

Wie getrieben pflastert der Blonde jetzt den Tisch mit Jetons und fasst sich dabei nervös an die Nase. Wir, die Gruppe um den Tisch, gleiten als Publikum mit ihm durch den Rausch. Die Serie gipfelt in einer gelungenen Ordnung, bis der Wind sich dreht. Seine Einsätze fangen Feuer und hören gar nicht mehr auf zu brennen. Die Luft füllt sich mit dem unsichtbaren Qualm verbrennenden Geldes. Der Blonde strahlt im Inferno.

Aus dem Hintergrund der Szene spielt sich jetzt ein Pensionär mit ausdruckslosem Gesicht nach vorn. Sein starrer Blick spielt um das, was sie Schicksal nennen, und er sieht so aus, als könnte er im nächsten Moment verlöschen. Alle am Tisch sehen das Bild des leblos auf den Tisch Gefallenen. Aber wir brauchen uns um den Tod nicht mehr zu sorgen, es gibt ihn doch gar nicht mehr.

Das Überleben dreht sich immer weiter. Währenddessen, was ich gerade als eine halbe Stunde einschätzte, sind vier Stunden vergangen.

Den französischen Tisch im Zentrum des Kasinos haben die Angestellten um Mitternacht geschlossen. Für sein gepflegtes Tempo sind jetzt alle zu aufgeregt. Um die rasanteren amerikanischen Tische an den Seiten des Raumes bilden sich stabile Gruppen. Der Blonde spielt gerade in einer Partie etwas halbseiden wirkender Asiaten. Als der Zenit der Spannung überschritten wird, verlasse ich die Runde und schlendere ein Stockwerk tiefer in das dunkle Labyrinth aus einarmigen Banditen. Sie wirbeln die Zeichen und würfeln in einem fort neue Konstellationen. In ihrer andauernden Neuordnung muss ich an Roland Barthes' Buch *Wie zusammen leben* denken. Ausgehend von der mondänen Gesellschaft des ausklingenden 19. Jahrhunderts, »die nicht nach Liebe, nach Familie, Freundschaft oder danach, jemandem nützlich zu sein, strebt«, entwickelte Barthes die Vision eines idiorrhythmischen Zusammenlebens als einer beständigen Erhaltung der Lust an der Geselligkeit. Aus ihr bildet er die Vorstellung des Miteinanders aus einer Vielzahl *unmöglicher Gruppen*. Was in ihnen an Gefügen entsteht, wird immer wieder *zerstört*, um die *Schatten des Ressentiments* und eine *Konkurrenz um die Rangplätze* aufzulösen. Es ist die Skizze einer sich homöostatisch regulierenden Gemeinschaft, die dadurch, dass sie ständig wieder von vorne anfängt, nach dem *idyllischen Zustand* der *Idiorrhythmie* strebt, in welchem der Lebensrhythmus jedes Einzelnen den für ihn notwendigen Raum zur Verfügung stellt. Barthes' Entwurf der

*Idiorrhythmie* kann zu den frühen Versuchen dessen gezählt werden, was Donna Haraway »ein hoffnungsvolles kybernetisches System« nennt. Mag es sich auch um den Prozess einer laufenden Zerstörung entstehender Anordnungen handeln, ist die Auflösung doch auf eine utopische Gemeinschaft ausgerichtet, deren ständig in Bewegung befindliche Anordnung sich mit den Bedürfnissen seiner Bewohner bewegt – um aus der Dynamik immer wieder zu Formationen zu finden, in der alle nach ihren Bedürfnissen versorgt sind.

Plötzlich steht ein Mann im Gang zwischen den Automaten. Unter seiner geöffneten Jacke zeichnet sich auf der linken Brustseite seines Hemdes ein großer dunkler Fleck ab, der so aussieht, als würde sein Herz schwitzen. Die Szene lässt mir wenig Zeit, weil die Angestellten jetzt keinen Zweifel mehr daran lassen: Sie wollen schließen. Gibt es doch ein Ende? Mit entschiedener Höflichkeit treiben sie die verbliebenen Gäste über die Treppe hinunter auf die Straße zu. An der Garderobe komme ich neben dem Blonden zu stehen, der sich über den Abschied empört: »Wir werden hier kühl behandelt.« Ich weiß dazu nichts zu sagen und wende mich wortlos ab, nehme meine Jacke, passiere den Ausgang, überquere die leere Straße, weiche dem Kriegsklotz aus, werfe kurz einen Blick in das Fenster des Antiquariats, gehe die Treppe hinunter und stehe auf dem Bahnsteig. Als die U-Bahn einfährt, entscheide ich mich, nicht nach Hause zu fahren. Irgendwo wird es weitergehen.

## Die Schlaufen des Scheiterns

Erfolgreicher als in der Psychiatrie, wo es erdacht wurde, erwies sich das homöostatische Modell in der Unternehmensführung. Die Pioniere des kybernetischen Managements erkannten darin die Möglichkeiten, ein Systemprinzip zu erhalten, um alle Störungen und Krisen zu überwinden. Ein Methodenspektrum verfeinerte sich bis in eine seiner jüngsten Varianten.

Die Bewohner Kaliforniens lesen bekanntermaßen viel. Dabei kam es in der Gegend des Ortes Sunnyvale in den letzten Jahren zu einer merkwürdigen Fixierung auf einen einzigen Autor. Im Bus, im Park, auf dem Grünstreifen an den Rändern des Highway 101, überall beugen sie sich über die gleichen Bücher und summen: »Alles seit je. Nie was anderes. Immer versucht. Immer gescheitert. Einerlei. Wieder versuchen. Wieder scheitern.«

Samuel Becketts Gesang des wiederholten Anlaufs wie der verpassten Ankunft hat sich zur neuen Parole einer Aufrechterhaltung der Arbeitsmoral gemausert. Die Schönheit des Scheiterns wird zum Lohn der Anstrengungen, die nirgendwo mehr ankommen. Es wird versucht, dem, was keine Form mehr findet und was niemand mehr braucht, eine Bedeutung zu geben. Auch bleibt beim Scheitern immer etwas liegen. Nicht selten handelt es sich dabei um recht ungewöhnliche Dinge, wie sie sich in dem 10 000 m² großen Laden *Weird Stuff* in Silicon Valley City finden, einem Brockenhaus der gestrandeten Versuche, die Innovation am Leben zu erhalten. In endlosen Gängen stapeln sich Modelle und

Prototypen, die in schnell gegründeten und mittlerweile verschwundenen Firmen erfunden wurden, aber nie zur Marktreife fanden und nun verscherbelt werden.

Mit der Innovation hat der Mensch die kürzeste Lebensdauer von Erfindungen in der Geschichte der Dingwelt erreicht. Aber einer in die Breite gegangenen Betriebsamkeit scheint es oft weniger um die Erfindungen oder Dinge zu gehen, als um die Aufrechterhaltung einer kreisenden Bewegung. Sie dreht sich in der Ewigkeit, die Adam Davidson jüngst in der *New York Times* als *failure loop* bezeichnet hat. In den ununterbrochenen Schleifen des Scheiterns bilden sich die Irrläufe der Wünsche ab. Sie drehen sich immer weiter, damit eine Ordnung bleibt, wie sie war. Was am Scheitern schön sein könnte, bewegt sich durch ornamentale Müllhalden, die produziert und zirkuliert werden, da niemand einen Abfluss findet und alle Übergänge in die Zukunft verstopft scheinen.

## Wie es gewesen sein wird

Durch die Übertragung der homöostatischen Strategien auf das Management hat sich seit den mittleren siebziger Jahren ein Netz der Feedbackschlaufen und der Kontrolle des Kommenden durch die westlichen Gesellschaften geknüpft. Es wird kommuniziert, um die Gefahr des Ausbruchs, der Fluchtlinie, die nicht mehr eingeholt werden kann, abzuwenden. Das hemmende Netzwerk der Informationsübertragung verästelt sich ins Irrwitzige. In Folge der aufwendigen Verspannung stauen sich die gesellschaftlichen, wissenschaftlichen und kulturellen Entwicklungen.

Zunächst mag die Umleitung des Weiter in die Schleifen eines Kreisverkehrs nicht vorgesehen gewesen sein. Doch ab einem bestimmten Punkt fuhr der Kapitalismus im Kreis, um nicht in den Wandel hinüberzutreten, der zu seiner Auflösung führen könnte. Alles läuft vor dem Abgang im Kreis, um diesen aufzuschieben.

Die Apparaturen, die den Kreisverkehr aufrechterhalten, lassen sich nicht als reine Homöostaten beschreiben. In der Steuerung des Gefüges verschränken sich die Ausgleichsmaschinen mit der ständigen Ermittlung kurzfristiger Wahrscheinlichkeiten. Anstelle eines unbekannt Zukünftigen werden Varianten der Vergangenheit hergestellt. Zahllose Agenturen betrachten das Verhalten der jüngsten Vergangenheit und ermitteln daraus fiktive Trends, die das Geschehen als Prognose vorwegnehmen. Das unbekannte Kommende wird durch die mathematische Annahme einer Berechenbarkeit der Welt überblendet. Der Möglichkeitsraum des Neuen, in den ich mich blind hineinfallen lassen könnte, verschließt sich durch die Prognose. Alles muss, bevor es geschieht, schon im Futur II beschreibbar gewesen sein. Selbst der Duden hat einen kybernetischen Beispielsatz: »Sie rechnen aus, wie viele heute über die Brücke gehen und wie viele in zehn Jahren über die Brücke gegangen sein werden.«

## Blind ins Dunkel deuten

Wo öffnen sich Ausgänge? Eine Überschreitung der Enge des Kreisverkehrs durch die Hypothese entwirft seit einiger Zeit der Spekulative Realismus. Die unter diesem Oberbegriff verhandelten Theorien schlagen vor: Der in seiner Wahrnehmung befangene Mensch sollte beginnen, die Wirklichkeiten außerhalb seiner selbst anzuerkennen, statt weiter in der Enge der eigenen Erkenntnis zu verharren. Er sollte spekulativ auf das Undenkbare hindeuten, statt allein bei dem zu bleiben, zu dem er sich gesichert und vernunftbegabt in Beziehung setzen könnte.

Wer mag, kann gegen die Philosophien des Spekulativen Realismus alles Mögliche einwenden. Die Dringlichkeit der aufgeworfenen Frage nach dem Verhältnis zum außermenschlichen Sein lässt sich aber kaum leugnen. Sich an ihr, wie manche Vertreter dieser Philosophie es tun, zuerst durch eine ausufernde Kritik Immanuel Kants abzuarbeiten, kann aber nur ein erster Schritt sein.

Auch scheinen »die weniger appetitlichen anthropozentrischen Elemente«, wie die Physikerin Karen Barat sie nennt, nur indirekt eine Folge der Philosophie der Aufklärung zu sein, sondern eher deren Indienstnahme. Dreihundert Jahre Industrialisierung haben die Wahrnehmung darauf reduziert, nur das als Seiendes zu registrieren, was sich im Netz seiner Aneignungswerkzeuge verfängt. Alles andere, was keinen Zugriff erlaubt, wird an die Ränder geschoben. Dorthin, von wo es heißt, was keinen Erfolg habe und nicht mal online sei, das käme nicht vor.

Die Wertschöpfung verformte die Aufklärung in einen Maschinenpark der Aneignung.

Einen ihrer theoretischen Höhepunkte feierte diese Form der selektiven Wahrnehmung im Radikalen Konstruktivismus. Neurobiologisch versuchte die Folgewissenschaft der Kybernetik zu begründen, warum sich der Mensch mit dem geschlossenen System der eigenen Wahrnehmung zu begnügen habe. Eine Informationsübertragung aus der Umwelt ließe sich in der Wahrnehmung nicht nachweisen, woraus die radikalen Konstruktivisten schlossen: Seiendes, das getrennt vom Denken existiert, könnte getrost vernachlässigt werden. Die Annahme, sich in seinem relativ verschlossenen System zu bewegen, fordere die volle Verantwortung des Menschen für sein Handeln, weil er sich nicht mehr über ein Seiendes außerhalb seiner Selbst herausreden könne. Es gäbe nur das Ich, oder weniger metaphysisch formuliert, den Beobachter.

Thesenfroh erklärt der Radikale Konstruktivismus die Behauptung der Wahrheit eines Seienden *zur Erfindung eines Lügners*. »Der Beobachter ist die Quelle von allem. Ohne ihn gibt es nichts«, bemerkt Humberto Maturana. Abgeleitet wird daraus, der menschliche Beobachter trage für alles die Verantwortung. Maturana metaphorisiert darüber hinaus das Nervensystem zu einem »Perpetuum Mobile«, dessen Energie sich durch Zellteilung ständig erneuerte. Es wäre ein Mensch, der die Welt eigentlich nicht mehr braucht.

Was als Beschreibungsversuch der unerschöpflichen Kraft des Lebendigen und der Trennung des Menschen von seiner Umgebung beginnt, sollte bald eine weitere

Übertragung erfahren. In einem Missverständnis, das sogar Maturana erschreckte, übertrug der deutsche Systemtheoretiker Niklas Luhmann die biologisch begründeten Annahmen sich selbst spaltender Zellen auf die Kommunikation. Seine holprige Übertragung entwickelte sich zu einem großen Erfolg. Eine Generation kommender Verwalter des Überlebens glaubte nun zu wissen, Information würde sich im Prozess der Kommunikation spaltend reproduzieren, wie die Zellen in Tieren oder Pflanzen. Alles wurde nun irgendwie Autopoiesis. Die Zellen, in denen sich die Kommunikation selbst herstellen konnte, versprachen eine Goldgrube. Zur größten Projektionsfläche ihres Wachstums wurde das Internet. Eine Fiktion wurde so lange beschworen, bis sie wirklich erschien und sich in einen großen Kreisverkehr *für alle* verwandelte.

## Das Nichts ist nicht das Nichts

Wider die Annahme, was der Mensch nicht denken könne, das sei »Nichts«, fragt der französische Philosoph Quentin Meillassoux, eine der zentralen Stimmen des Spekulativen Realismus, nach jenem Seienden, das unabhängig von diesem existiert. Bei dem angeblichen »Nichts« könne es sich um ganz viel handeln, führt er aus. Das unabhängig vom Menschen Existierende für null und nichtig zu erklären, sei in erster Linie Ausdruck der menschlichen Selbstbezogenheit. Endlos kaue der Mensch auf seinen möglichen Beziehungen zur Welt herum, als wäre es ein nicht aufzulösender Kaugummi, der seinen Mund nie wieder verlassen will. Das Durchkauen der eigenen Wahrnehmung verfehle aber den Eigensinn des Seienden. Um die Sackgassen der Selbstbezogenheit zu verlassen, müsse der Kaugummi ausgespuckt werden.

Mag der Mensch auch wenig Zugangswege zur nichtmenschlichen Welt haben, könne er diese spekulativ miteinbeziehen, um sich so auf das Abenteuer des Undenkbaren einzulassen. Durch die Hinwendung zu den blinden Flecken könne die Enge seines Denkens und dessen begrenzte Beziehungsfähigkeit zu der nichtmenschlichen Umgebung verlassen werden.

Etwas zu wissen, heißt im sprachlichen Ursprung, *es gesehen zu haben*, und führt dazu, es nicht mehr zu betrachten, sondern wiederzuerkennen. »Wir haben ein Wissen von etwas, wenn wir es gesehen haben und von daher nicht noch einmal hinschauen müssen. Dieses Verständnis vom Wissen impliziert also die Nichtveränderung des beobachteten Objekts« (Fischer). Das abendländische Konzept der Wissenschaft, das nach dem Unabänderlichen sucht, erblindet insofern, die Beobachter sehen es nicht mehr, sondern erkennen es wieder und verschließen sich den möglichen Veränderungen.

Ich frage Dich: Ähnelt das, was spekulativ genannt wird, der künstlerischen List der Ahnungslosigkeit? Diese geht noch einen Schritt weiter, als Heinz von Foersters berühmte Formulierung: »Bitte nie sagen: ›Das ist langweilig. Das kenne ich schon.‹ Das ist die größte Katastrophe! Immer wieder sagen: ›Ich habe keine Ahnung, ich möchte das noch einmal erleben.‹« Von Foerster geht es um eine Verbesserung des wiederholten Erlebens, das er durch die Ahnungslosigkeit zur erneuten Erfahrung verjüngen will. Die künstlerische List erlaubt darüber hinaus, sich durch die Ahnungslosigkeit, durch das Unterschlagen des Wissens, oder das was dafür gehalten wird, in den so reizvollen wie beunruhigenden Zustand des Ins-Schwimmen-Geratens zu versetzen. In ihm lässt sich der sichere Boden unter den Füßen verlieren. Ich weiß nicht mehr, was ich tue, wodurch sich ungeahnte Möglichkeiten eröffnen.

Wer eben noch glaubte, es zu wissen, und jetzt keine Ahnung mehr hat, beginnt, sich aus der Wolke seines blinden Blicks herauszubegeben. Gesehen wird immer noch wenig, handelt es sich doch um die Wirklichkeiten des Nicht-Menschlichen, die der Mensch gar nicht erkennen kann. Aber er steckt zumindest nicht mehr ganz so tief in den Schlaufen der Erkenntnis. Durch die List der Ahnungslosigkeit kann etwas wieder möglich werden, das zur Unmöglichkeit erklärt worden war. Das Definierte wird ein wenig aus seiner Erstarrung gelockt. Ahnungslos lässt sich die Langeweile verlassen. Man pflegt nicht mehr die Selbstbezogenheit des Unabänderlichen, dem immer droht, wieder anzukommen, wo es schon gewesen war. Es ist eine Zurücknahme, ein Herabsteigen von der Anmaßung des Wissens. Das beengende Kostüm einer endlosen Reflexion der Wahrnehmung lässt sich ein wenig öffnen, um »auf Neuerungen zu sinnen, von denen wir uns noch gar nicht träumen lassen, weil sie den ausgeleierten Rahmen sprengen« (Serres).

Wie für so vieles, von dem sich nicht sagen lässt, wie es gehen soll, scheint Kunst ein geeignetes Versuchsgelände. Was sich darauf erproben ließe, wäre eine Bewegung, die beginnt, mit den Fragezeichen zu tanzen.

Mögen sie sich auch seit Jahren im Kreis drehen, werden die Menschen immer noch mit Händen und Füßen geboren. Auswege aus dem vorbestimmten Überleben unterhalb des Möglichen liegen in der Beschleunigung. Das Tempo dieser Fluchtlinien würde keine Widersprüche intensivieren und erst recht nicht den industriellen Technologien »eine progressive, sinnvolle Richtung geben« (Avanessian), um deren Stillstand reformistisch zu erhalten. Reparatur und Sinngebung sind unmöglich. Die falsche Ordnung kann man nur verlassen oder zerstören.

## Schnelle Schizos

Mal fliehe ich am Tag und funktioniere in meinen Träumen. Dann funktioniere ich am Tag und fliehe in meinen Träumen. Plötzlich steigen die Träume über ihre Ufer. Die Psychologen nennen das verrückt, bis die Flut wieder in ein Projekt übersetzt werden kann. Denn aus jedem psychotischen Hobby lässt sich ein Beruf machen, an dessen Leine das Professionelle irre produktiv wird. Es hat sicher seine guten Seiten, dass die Verrückten heute mitarbeiten und nicht mehr in eine Anstalt müssen. Gab es nicht mal eine Zeit, als man einfach nur weglief? Nein, wahrscheinlich ist das nur eine sentimentale Erinnerung ohne Wirklichkeit.

Mag es keine bessere Vergangenheit gegeben haben, ist das kein Grund, das Gedächtnis zu verlieren. Und vielleicht beginnt morgen die Zeit, in der alle einfach weglaufen, ohne das Ende ihrer Fluchtlinien in den Projektplan einzutragen. In jene Formatierung, die immer öfter an die Stelle des Unternehmens tritt. Ein Gefüge aus Rastern, die sich jeder selbst schreibt, um die Verbindung zur falschen Ordnung und ihre Ketten des Sinns nicht zu verlieren.

Ich erinnere mich, wie mir eine Vorstellung der Beschleunigung zufiel, die anders schien als alles, was ich bis dahin kannte. Mein Unbehagen stolperte über ein Buch, den *Anti-Ödipus. Kapitalismus und Schizophrenie 1.* Es hatte da im Weg gelegen, ich war darüber zu Boden gefallen und etwas kam in Bewegung. Die Möglichkeit, den Schlaufen der Wiederholung zu entgehen, könne darin liegen, sich als *Schizo* fallen zu lassen. Ein Wesen, das sich entkoppelt und dadurch alles verliert, wodurch es anschlussfähig wäre. Den *Schizo*, dessen entleerter Körper zum phantastischen Fahrzeug der Beschleunigung wird.

Seine Haut spannt sich. Eine Erscheinung wird opak. Alles prallt an ihr ab. Der *Schizo* entledigt sich seiner Organe, reißt sie aus seinem Körper heraus. Mit dem organlosen Körper können sich die Maschinen nicht mehr austauschen. Er hat sich abgetrennt und kann fliehen.

Die von Gilles Deleuze und Felix Guattari entworfenen *Schizos* ziehen in einem fort Fluchtlinien und formen Möglichkeiten, nicht in die Fallen des Mangels zu tappen. Es gibt keinen Ort, an dem sie ankommen können. Deshalb fliehen die *Schizos* als ungelöstes Problem. Sie widerstehen der Falle, die Giorgio Ceserano das Stein-Werden nennt: »Wer aufhört, den Ausbruch zu planen, wer aufhört, es zu wagen, dorthin zu streben und das Elend der Einkerkerung im Selbst zu verabscheuen, stirbt eingeschlossen im Selbst.«

## Es fehlt mir an Nichts

Du sagst, niemand entscheidet sich für eine Psychose. Sie holt einen ab, wenn sich kein anderer Fluchtweg bietet. Wie könnte ich widersprechen. Die Bewegungen des *Schizos* versuchen, von der Psychose zu lernen und eine Möglichkeit auszuwerfen: Sie setzen sich nicht fest, besetzen keinen Ort, bestehen auf keinem Recht. Sie suchen nach einer Fluchtlinie, die das Projekt nicht einfängt. *Schizos* geben dem Falschen kein Recht, indem sie es kritisieren oder etwas vom Management fordern. Warum sollten sie auch etwas fordern? Es hat nichts zu bieten, und es mangelt ihnen auch an gar nichts. Sie haben alles, sind reich, unendlich reich. Es mangelt ihnen auch nicht an Geschwindigkeit, sie haben nur den Wunsch, dass es nicht so langsam bleibt.

Die Ordnung der Apparate versucht uns ständig zu der Annahme zu verführen, wir würden Mangel leiden. Dabei gibt es den Mangel gar nicht. Es mangelt mir nicht an Nahrung, ich möchte etwas essen. Auch mangelt es mir nicht an Zukunft, ich will nur weitergehen und nicht ewig hier bleiben. Die Suggestionen des Mangels sind Erfindungen, die in die Sackgassen der Projekte und der Anschlussfähigkeit locken sollen. Ihre Einkreisung versucht unseren Überschuss an Leben abzusaugen, indem sie ihn ins Kommunizierbare und dadurch Steuerbare übersetzt. Die Umdeutung der Lebendigkeit in den Mangel ist eine ferngesteuerte Bremsung. Wer eben begehrte und am Leben war, dem rutscht der Boden unter den Füßen weg. Mit dem Mangel tritt das Überleben an die

Stelle des Lebens. Dem Selbst fehlt es an etwas, obwohl es reich ist.

Als das Internet in die Welt kam, wollte das Selbst Frau oder Gott werden. Heute hat sich die Lust an der Wandlung hinter einen Gartenzaun zurückgezogen und fordert ihr Recht. Das Selbst grenzt sich ab und fürchtet die Besitzstörung. Es glaubt, es fehle ihm an etwas, und beginnt sich um seinen Mangel an Privatsphäre zu drehen, als wäre es noch nicht genug getrennt. Der Glaube an den Mangel stabilisiert die Ordnung, es wächst die Sehnsucht, von ihr überwacht zu werden. Einsam sehnt man sich hinter dem Zaun nach dem Einbrecher, oder einem Hack in die Wirklichkeit des abgetrennten Lebens.

Ich frage mich: Wo lösen sich die Wünsche auf? Wo kleben die Füße fest? Wo werden die Überschüsse des Lebens zu formloser Wärme, in deren Flüchtigkeit ich plötzlich den Mangel erlebe? Fliehe ich noch, oder hat sich schon alles verflüchtigt? In der feuchten Luft kann ich kaum noch erkennen, wo mich die Wunschmaschine abholt. Wo ich mich in einen von zehn Millionen integrierten *Schizos* verwandle, der in den Agenturen den Kreisverkehr aufrechterhält. Wann ich mich in einen *Schizo* verwandelt habe, der am Rad dreht. Oder warum alle am Rande des Nervenzusammenbruchs gehen.

## Prinzip des Sitzens

Ich werde Frau, ich werde Gott. Ich habe alles geglaubt und hatte eine wunderschöne Zeit. Ich bereue nichts.

Du sagst, ich wiederhole mich.

Heute schmecken die techno-utopischen Visionen der jüngeren Vergangenheit wie kalter Kaffee. Manchmal greife ich wie aus Versehen nach der Tasse, die noch herumsteht. Der schlechte Geschmack ihres Inhalts kümmert mich nicht. Ich bin viel zu beschäftigt, um mich damit zu beschäftigen. Das Lachen bröckelt in den Mundwinkeln. Schon ist es wieder abgetaucht. Aber das Wrack liegt noch irgendwo. Es kann nicht gehoben werden, weil das Meer der vergangenen Ausblicke zu viele Untiefen hat.

Manchmal, wenn ich im Stau stehe, schreibe ich Dir und frage Dich: Bedarf es keiner Visionen mehr, oder nur noch ganz kleiner? Der Stillstand senkt die Erwartungen. Alles wirkt geprägt von nüchterner Bescheidenheit. Man gibt sich mit Applikationen zur Organisation des Notwendigen zufrieden: arbeiten, kaufen, fahren, Geschlechtsverkehr haben und die Zeit totschlagen. Wer braucht schon mehr? Ja, vielleicht noch ein bisschen Freiheit der Information, damit man etwas hat, worüber man sprechen kann, um das Politische zu ersetzen.

Von der industriellen Technologie wird erwartet, was von einem Stuhl erwartet wird: Er soll verfügbar und komfortabel sein. Es macht einen Unterschied, ob ich auf einem harten oder weichen Stuhl sitze, aber am Prinzip des Sitzens ändert die Bequemlichkeit wenig. Zum Prinzip des Sitzens, darauf hat sich die Erschöpfung des Westens verständigt, gibt es keine Alternative.

Gegen das nüchterne Verhältnis zur industriellen Technologie lässt sich wenig einwenden. Die bescheidene Erwartung an das Überleben hingegen scheint ein Fehler. Während sich die Alternativen zum Prinzip des

Sitzens im Dunkel verstecken, frage ich Dich: Wie konnte es dazu kommen, dass sich die Ansprüche auf die Organisation des Überlebens reduzieren? Gibt es keine anderen Sehnsüchte, außer denen, dass die Dinge billiger und verfügbarer werden? Das *sozial Imaginäre* scheint in einem schwarzen Loch verschwunden zu sein, als hätte es sich um eine Handvoll Jetons beim Roulette gehandelt.

## Schizophrene Schatten

Der unter seine Oberfläche gesunkene Antrieb ähnelt in vielem dem Verlauf einer Psychose. Am Anfang kommt es zu verzweifelten Visionen. Später werden die Patienten richtig eingestellt, damit ihre Abweichung nicht weiter auffällt.

Schizophrenie leitet sich vom altgriechischen Verb *schizein,* spalten, ab. Das schizophrene Selbst bewegt sich immer schon woanders, es wechselt die symbolischen Ordnungen, spaltet sich ab, verrückt etwas.

Das andauernde Einholen und Einbinden dessen, was sich spaltet, die Wandlung der Ausbrüche in Wertschöpfung, formt eine der zentralen Bewegungsformen, mit denen sich die Ordnung erhält.

Schizophrenie spaltet das Gefüge des Geistes, oder wie der Entdecker der Krankheit, Egon Bleuer, es formulierte: Sie fragmentiert die psychischen Grundfunktionen. Auch die Warenwirklichkeit erhält sich durch ständige Fragmentierungen. Die Management-Sprache verwendet dafür den von Clayton M. Christensen an der

*Harvard Business School* geprägten Begriff der *disruptive innovation*. Spaltende Innovationen verschieben die Anordnung, ohne den vorgegebenen Kreislauf zu überschreiten. Ein Mangel wird erzeugt, indem ein Produkt, das ich mir bisher nicht leisten konnte, qualitativ so weit heruntergebrochen und dadurch so billig wird, dass ich es mir leisten kann. Ich kaufe es dann, weil ich es mir eben noch nicht leisten konnte. Märkte werden dadurch kurzfristig belebt. Sobald sich der Schub wieder erschöpft, wird durch eine weitere Spaltung eine weitere Anordnung hergestellt. Die Spaltungen führen zu keinem Fortschritt, sondern formen serielle Absenkungen.

Claytons Spaltungs-Begriff ist eine Problemlösung, genau genommen eine Momentaufnahme der Verzweiflung eines Kapitalismus, dem nichts mehr einfällt. Vielleicht hatte er am Anfang gar nicht den Plan, dass aus dem Begriff ein Konzept werden würde. Die Formel *disrupt or be disrupted*, spalte oder werde gespalten, funktionierte aber unheimlich gut, um die kreisende Bewegung aufrechtzuerhalten. Spalten gilt mittlerweile als Allzweckmittel.

Die Kausalität von Spaltung und Neuordnung wurde zunächst im Segment der Computer-Disketten beobachtet, wenn ein billigeres Produkt von niederer Qualität das Angebot fragmentierte und so die Nachfrage belebte. Mittlerweile wird die daraus abgeleitete Strategie im Ausbildungs- und Gesundheitswesen angewandt: Solange es noch günstiger geht, kann die schlichtere Lösung zum Antrieb des Karussells werden.

Die zwangsläufige Erschöpfung von sich verschließenden Kreisläufen, und damit auch von Märkten, definiert der zweite Hauptsatz der Thermodynamik mit der Formel $dS \geq 0$. Sie besagt, die Änderung der Entropie ist größer gleich Null, was meint, die Unordnung in einem thermodynamischen System nimmt stetig zu oder bleibt gleich. Für das Verständnis des Gesetzes fand Arthur Koestler in seinem Buch *Das Gespenst in der Maschine* folgendes Bild: Das Universum läuft »wie ein von Metallmüdigkeit betroffenes Uhrwerk allmählich ab, weil seine Energie ständig und in unaufhaltsamer Weise abgebaut wird und sich in Wärme umsetzt, bis es sich schließlich in eine formlose, homogene Gasblase auflösen wird, mit einer Temperatur knapp über dem absoluten Nullpunkt – das ist der kosmische Wärmetod«.

Energie geht im geschlossenen System nicht verloren, aber sie wandelt sich in formlose Wärme, die als Kraft zur Verrichtung von Arbeit nicht mehr zu gebrauchen ist. Was im 19. Jahrhundert in der Physik beobachtet werden konnte, wurde hundert Jahre später auf die Informationstheorie übertragen. Da geschlossene Systeme materieller wie informationeller oder ökonomischer Natur außerhalb der Laborsituation und der Formel selten auftreten, scheint es genauer, von sich verschließenden Systemen zu sprechen.

## Kühler Stern der Störung

Sich erwärmende Märkte, die sich in Unordnung auflösen, sind zwangsläufig wie das die Ordnung verlierende Gas. Das Management muss störend eingreifen, um die Auflösung abzukühlen und das drohende Chaos abzuwenden. Gesetzte Störungen erzeugen Verrückungen. Ihre negative Entropie spaltet das Zerfallende und kann so für einen Moment die Ordnung wiederherstellen. Die *spaltenden Innovationen* vollziehen sich in abrupten Schnitten, aber nie in Passagen. Letztere könnten Durchgänge bieten, in denen sich die Fluchtlinien so weit entrollen, bis sie nicht mehr eingeholt werden können. Den *innovativen Spaltungen* fehlt aber die anhaltende Kraft, um sich in die Kontinuität des Fortschreitens zu wandeln.

Wie die Wirtschaftsjournalistin Jill Lepore in ihrem Artikel *The Disruption Machine. What the gospel of innovation gets wrong* im *The New Yorker* analysiert, setzt die *spaltende Innovation* allein auf den kurzfristigen ökonomischen Effekt. Das Marktgeschehen wird beschleunigt durch den Auftritt eines günstigeren, da qualitativ minderwertigen Angebots. Es geht nicht um Entwicklung, sondern um Vereinfachung. Das Ergebnis ist Qualitätssenkung, Komplexitätsreduktion und die Fiktion einer Entwicklung. Es bleibt bei einem Schütteln der Anordnung, welche sich absenkt, aber dieselbe bleibt, die sie war. Der kontrollierte Impuls schiebt den Wärmetod kurzfristig auf. Für den langen Atem und die anhaltende Bewegung, die aus dem Fortschritt entsteht, der über die Illusion hinausgeht, fehlen aber die Kraft, der Mut und die notwendige Vorstellung von Gemeinschaft. Auch das tatsächliche *Scheitern* wird nicht wirklich gewagt, sondern einfach nur zwischen den Akteuren verschoben und in endlosen Bauernopfern simuliert.

Die *spaltenden Innovationen* zählen zu den Strategien, mit denen die erschöpfte Ordnung ihr Ende aufschiebt. Ihre Störungen bewahren diese davor, in sich selbst zu zerfallen, indem sie die Auflösung in die Bewegungen nervöser Wirbel entschleunigen. Sie erzeugen einen wiederholten Anstoß, wobei das Angestoßene bald wieder stehen bleibt, da es sich mit keiner Kontinuität verbinden kann. In den Bildern maschineller Beschleunigung lässt es sich mit einem Auto vergleichen, bei dem im ersten Gang mit voller Kraft aufs Gas getreten wird. Dem Fahrzeug fehlt aber die Kupplung, mit der es in den zweiten, dritten, vierten oder fünften Gang hochgeschaltet werden könnte, um in eine anhaltende Bewegung versetzt zu werden. Der Motor heult auf, das Fahrzeug springt nach vorn und säuft wieder ab. Man hat Lärm gemacht, die Bewegung bleibt aber auf der Stelle.

## Wiederkehr eines Dämons

Die diskontinuierliche Strategie der spaltenden Innovation passt mit ihren kurzfristigen Effekten in eine Umgebung, in der sich alles ständig der eigenen Existenz versichern muss. Die Selbstüberprüfung der dauernden Evaluation weist das unbekannte Neue ab, da seine nur verzögert einlesbare Abweichung für die Mustererkennung der selbstbezüglichen Kommunikation zu beschwerlich scheint.

An die Stelle des Neuen, das sich zu schwer lenken lässt, treten die Fiktionen der Prognosen einer nahen Zukunft, die als vorhandenes Muster umgehend wiedererkannt werden können. Die Illusionen des Neuen weisen das Unbekannte des Kommenden zurück, indem sie dessen mögliche Komplexität mit der Projektion ihrer

Variation der jüngsten Vergangenheit überblenden. Statt den Aufwand zu wagen, sich mit der *zukünftigen Gegenwart* zu konfrontieren, die als Muster nicht bekannt ist, hält sich die mögliche Bewegung an einer *gegenwärtigen Zukunft* fest, die aus dem Datenstrom des gerade Vergangenen errechnet wurde. An der Stelle einer Fülle des Kommenden wird die mathematische Fortsetzung des Vergangenen behauptet. Projekte wie *big data* reduzieren die Komplexität des Wirklichen durch eine verschlankte Mischung aus den ermittelten Wünschen und der statistischen Kausalität des Geschehenen. Die Abwehrreaktion einer Berechenbarkeit des Künftigen ersetzt das Mögliche durch die kontrollierte Planung.

Dass bei dieser laufenden Reduktion von Komplexität der Eindruck entsteht, es käme zu einem Mehr oder zu Beschleunigung, ist eine Täuschung der entstehenden Redundanz. Sie resultiert aus den Überschüssen an Produktion, zu denen es durch den freien Wettbewerb der zahllosen Prognose-Agenturen kommt. Dieser führt zu Unschärfen, leichten Verschiebungen und Doppelbelichtungen, die einen Eindruck von Vielfalt hinterlassen, dem keine Wirklichkeit gegenübersteht.

Der Komplex um den Begriff *big data* kann als Wiedergänger oder Ersatz zweiter Ordnung betrachtet werden. Strukturell wird ein ziemlich abgetragener Hut wiederverwertet, dessen verschlissenen Filz das digitale Bügeleisen restaurieren soll.

Mit der Wahrscheinlichkeitstheorie wurde im späten Barock zunächst versucht, die in die Zukunft leitende Hand Gottes zu ersetzen. Einen Höhepunkt fand diese Entwicklung 1814 im *Laplaceschen Dämon*. Bei diesem

mathematischen Konstrukt handelte es sich um eine Zuspitzung der Annahmen der Aufklärung, die der französische Mathematiker Jean Simon Laplace in seinem *Essai philosophique sur les probabilités* zu einer neuen Gewissheit überzeichnete, mit der der Mensch die Welt in den Griff bekommen sollte: »Wir müssen also den gegenwärtigen Zustand des Universums als Folge eines früheren Zustandes ansehen und als Ursache des Zustandes, der danach kommt. Eine Intelligenz, die in einem gegebenen Augenblick alle Kräfte kennt, mit denen die Welt begabt ist, und die gegenwärtige Lage der Gebilde, die diese zusammensetzen, und überdies umfassend genug wäre, diese Kenntnisse der Analyse zu unterwerfen, würde in der gleichen Formel die Bewegungen der größten Himmelskörper und des leichtesten Atoms einbegreifen. Nichts wäre für sie ungewiss, Zukunft und Vergangenheit lägen klar vor ihren Augen.« Durch die Erfassung allen Wissens der Vergangenheit und Gegenwart wäre es nun möglich, jeden zukünftigen Zustand der Welt zu berechnen. Gott ließ sich durch diese Überhöhung der Erkenntnis ersetzen. Der alles erfassende und alles voraussehende Dämon war beeindruckend. Mit der Behauptung der Existenz einer Kausalität, dass das eine aus dem anderen folgt, konnten sich nun manche Menschen zu dem Gefühl aufschwingen, Gott gleich geworden zu sein, indem sie auf a und b c folgen ließen. Die Mehrheit sollte sich hingegen als Wesen verstehen, die sich den Herren der auf Kausalität gebauten Kontrolle des Lebens unterwarfen. Bis zur formalen Tötung des Dämons vergingen über hundert Jahre. Mathematisch richte ihn das *Dreikörperproblem,* welches nachwies, dass sich schon das Verhältnis von drei Körpern nicht letztgültig bestimmen lässt. In der Physik wurde dem Dämon mit der *Relativitätstheorie* der Horizont der Lichtgeschwindigkeit gesteckt, welchen die Informationsübertragung nicht überschreiten kann. Das Phantasma von der Kalkulation aller Kausalitäten und der Berechenbarkeit der Zukunft warf zudem die Entdeckung der Quantenphysik über den Haufen. Werner Heisenberg erkannte, dass auf der Ebene der Atome die für die Bestimmung von Abfolgen notwendigen Messwerte von Ort, Zeit und Größe nicht mehr gleichzeitig exakt messbar sind. Ihr bedingt greifbares *Quanteln*, ihr Wirkungsquantum, lässt sich deshalb nur unscharf beschreiben; was der Berechnung bleibt, ist die Unschärferelation. Im Allerkleinsten war damit eine Wirklichkeit entdeckt worden, in der die kausale Verbindung zwischen Gegenwart und Zukunft verloren ging, die sich nicht mehr voraussagen ließ, wodurch der *Laplacesche Dämon* seine Macht verlor.

Mag die unberechenbare Zukunft in der Wirklichkeit der Atome dem Kapitalismus wie dem Staatskommunismus auch lange Zeit vollkommen egal gewesen sein, es stellt sich die Frage, welche Rolle dem Wiedergänger des Dämons in einer Welt zukommen soll, in der fast ein Drittel des Bruttosozialprodukts in Bereichen erwirtschaftet wird, die mit der Quantenphysik verbunden sind. Der digitale Wiedergänger der paranoiden Seite der Aufklärung mit dem etwas albernen Namen *big data* entwirft Prognosen auf der Grundlage von Erkenntnissen, die die Wirklichkeit nur in Teilen erkennen. Menschen unterhalten sich mit Fiktionen, die über sie hinaus bedeutungslos sind. Es ist ein Rückzug in autistische Kapseln, aus deren Paralleluniversen aber scharf geschossen wird, wenn sich der Widerspruch der Umgebung zu deutlich zeigt.

## Close up in den perfekten Porno

Das Überleben hat sich in einen Film verwandelt, in dem jede Ankunft wie ein Nachbild wirkt. Die Reisenden kennen die Straßen von Kathmandu, bevor sie dort angekommen sind. Der Blick lässt sich nicht vom Unvertrauten überwältigen. Jede Begegnung wird von einer Vorschau abgefedert. Die laufende Vorwegnahme dessen, was angeblich passieren wird, verhindert, dass passiert, was passieren könnte. Eine das Wirkliche eindampfende Vorabfiktion entfernt mich von dem, was mir begegnen könnte. Meine Bewegungen laufen leer in Übergangszuständen. Sie kommen nirgendwo an und ziehen wieder auf Los.

Weicht ein erreichtes Szenario vom prognostizierten Zustand zu sehr ab, wird es eingeweicht, bis sich der Unterschied ausgewaschen hat. Das Kommende als Abweichung wird angeglichen. Die *gebriefte* Wahrnehmung verschließt sich. Sie bringt sich in Sicherheit vor dem, was sich entfalten könnte. Im verankerten Spalt zwischen Jetzt und Gleich, der nicht verlassen wird, regelt die Langeweile den Verkehr und gefällt sich in einem Gelächter ohne Schatten.

Um meine gestaute Erregung zu beruhigen, streichle ich mein Telefon und denke, es gibt nichts Schöneres, als die Oberfläche seines Telefons auszuwechseln. Genau genommen denke ich es nicht, sondern eine Stimme am anderen Ende der Leitung flüstert es mir ins Ohr. Ich ziehe meiner Verbindung die Haut ab und sage: hallo. Unter der Haut wartet eine weitere Haut. Auf der Haut der nun etwas kleineren russischen Puppe verlaufe ich mich in dem, was der Kybernetiker Gregory Bateson den *double bind* nennt, die doppelte Sackgasse.

Links kann ich abbiegen und komme nirgendwo hin.

Rechts kann ich abbiegen und komme auch nirgendwo hin. Durch die eine Sackgasse könnte ich rein, durch die andere könnte ich raus aus der absurdesten aller Welten, ohne dass es dort einen Ausgang gäbe. Heute entscheide ich mich für raus. Ich meine, wer will schon im Kapitalismus leben, wo einen ständig eine exzentrische Wollust angeht? Es ist, als bewege man sich durch einen überdrehten Porno, der sich so obszön entfaltet, dass er gar nicht gedreht werden könnte. Alle tun ständig ganz irre Sachen miteinander. Hunderttausend Wunschmaschinen verbinden sich mit allem, mit Dir und mit mir, um sich nach jeder Ahnung eines Orgasmus gleich wieder abzuspalten. Nein, niemand will da raus, also fahre ich in die andere Sackgasse, wo alle reinwollen. Natürlich wollen alle in der besten, da letzten Welt leben.

Dem Wunsch zur Flucht widerstrebt die Angst, aus der die Existenz bestimmenden Ordnung herauszufallen. Alle haben Angst, das Falsche zu lieben, und wollen das Spiel richtig spielen. Alle haben wie ich die Sehnsucht, gefordert zu werden. In der großen Einsamkeit will jemand etwas von mir.

Im nächsten Moment will ich wieder ein *Schizo* werden. Ich fliehe, und während ich laufe, denke ich, von mir bleibt der Schatten des Versagers, und schleiche mich zurück in die letzte Welt.

## Vorwärts, und vergessen

Aktualität erhält der *Anti-Ödipus* seit einiger Zeit durch den *rationalen Akzelerationismus*. Die Theorie der vernünftigen Beschleunigung versucht seit einiger Zeit, ein der Zukunft zugewandtes Denken zu stärken. Das wirkt zunächst großartig. Obwohl ich mich sofort frage, warum vernünftig beschleunigen?

Die Wiederkehr der Akzeleration, eine Art politischer Arm des Spekulativen Realismus, beschwört die Beschleunigung in einem Manifest. Es versteht sich neben der Abgrenzung zu einer überholten linken Politik, die zu langsam geworden sei, als Abwendung von einem *postmodernen Denken*, das selbstbezüglich geworden wäre. Beidem lässt sich schwerlich widersprechen. Das Manifest für eine akzelerationistische Politik setzt seine Abgrenzung zum postmodernen Denken aber etwas unglücklich beim *Anti-Ödipus* an. Dessen Beschwörung des Lebendigen wird als »vitalistisch« angegriffen. So als ließe sich übergehen, wie aggressiv sich der gegenwärtige Kapitalismus gegen das Leben richtet.

Die vernünftigen Akzelerationisten wollen kein Problem bleiben, sondern Lösungen bieten. Deshalb suchen sie nach einer Beschleunigung durch gesellschaftlich *sinnvolle* Nutzung von Technologie. Das Potenzial der Maschinen würde aus ökonomischen Gründen vom Kapital unterschlagen. Der Analyse lässt sich zunächst nicht widersprechen. Sie zeigt sich schon in dem Computer, der vor mir steht und mit jeder Generation dümmer wird, damit seine potenzielle Intelligenz aus den Wolken verkauft werden kann.

Was radikal daherkommt, entpuppt sich aber beim Lösungsvorschlag als reformistische Reparatur dessen, was zerstört werden soll. Zudem wirkt die akzelerationistische Konzentration auf den militärisch-industriellen Komplex Technologie und die Techno-Wissenschaften als Triebkraft einer revolutionären Veränderung von der Wirklichkeit überholt. Bei der angeblichen Hochgeschwindigkeit des Technologischen, als Triebkraft der Entfremdung, denen die Akzelerationisten eine entsprechend rasante »gesellschaftliche Beschleunigung« hinzugesellen wollen, handelt es sich um eine leere Behauptung. Die industriellen Versprechen wirken erschöpft. Eine endlose Durchleuchtung hat ihr Fortschritts-Potenzial auf ein Minimum ausgereizt. Die Produktivkraft sinkt seit den siebziger Jahren. Das Gerücht der Automatisierung funktioniert am besten als Drohkulisse, mit der vor allem Angst geschürt wird, als Einzelner darin den Anschluss zu verlieren und überflüssig zu werden – faktisch findet diese Produktivitätssteigerung gar nicht statt. Die Produktivität des Westens sinkt im freien Fall. Dass das Lahmende von sich behauptet, schnell zu sein, lässt sich nachvollziehen. Warum seine angeblichen Feinde den Mythos der Kraft, die verpufft, nähren, hingegen nicht. Warum jetzt noch mühsam marxistisch zu Ende denken, was sich nur noch angestrengt selbst erhält? Ist die Geschichte nicht längst woanders?

Der rationale Akzelerationismus fragt aber auch nicht danach, wie der kapitalistische Selbsterhalt durch die Prognostik angegriffen werden könnte. Eigentlich hat er kein Problem mit der berechnenden Voraussicht durch Fiktionen, sie müsse nur in den richtigen Händen liegen. Manch selbsterkannten Kader-Akzelerationisten stürzt der erneute Aufstieg der Prognostik gleich in sentimentale Erinnerungen an die gute alte Planwirtschaft. Was großspurig als Beschleunigung der Beschleunigung auftritt, zieht gleich wieder die Bremse und möchte genau wissen, wo die Fahrt hingeht. Das Risiko, in einer Landschaft ohne Kategorien zu landen, wird vermieden und führt zu einer Navigation, die sich auf die schon kartierte Wirklichkeit verengt. Alles andere könnte bedeuten, sich zu verirren und die Fiktion der Karte zu verlassen.

Die Überschreitung des Bekannten lässt sich zwar ansteuern, ab einem bestimmten Punkt aber kann man sich nur noch verlaufen. Vorstellungen sind notwendig, um zu starten, aber die Bewegung muss sich von ihnen trennen. Ab einem bestimmten Punkt lässt sich nicht mehr sagen, was sein sollte.

Derart komplexe Bewegungen sind den auf Effizienz ausgerichteten Akzelerationisten aber viel zu aufwendig. Sie posieren lieber Thesen stemmend in retrofuturistischen Kulissen und gefallen sich in marxistischer Gewissheit, um anschließend die *Kehre* zu kratzen und in eine vergangene Zukunft zurückzufahren. Ab einem bestimmten Punkt liest sich das *Manifest für eine Politik des rationalen Akzelerationismus* wie ein sozialistisches Zukunftsbuch aus dem Jahre 1964 und feiert bierernst das kybernetische Tischlein-deck-dich einer besseren Welt durch optimierte Logistik, als handle es sich dabei nicht um aufgewärmte Reste aus der *Summa technologiae* von Stanislaw Lem. Ist das die Höhe der Entfremdung, die der Neo-Marxismus immer wieder beschwört, um nicht aus der Geschichte zu fallen?

Und war man, oder die Geschichte, da nicht schon einmal viel weiter? Wer braucht noch Konsolen-Cowboys, die behaupten, die Apparate müssten nur richtig geritten werden? Warum noch einmal das Heroische der industriellen Avantgarden samt ihrer Junggesellen-Hygiene hervorkramen? Muss ich mich mit jeder Wiederholung der Entfremdung noch einmal auf der bekannten Höhe der Geschichte an sie ranschmeißen? Ist das nicht etwas öde?

Auf den Müllhalden der *Schlaufen des Scheiterns* einer technologischen Überproduktion scheint es hilfreicher, wie eine feministisch geprägte Akzeleration es seit dreißig Jahren tut, sich daran zu erinnern, dass es sich bei einem der ersten Cyborgs um eine gewöhnliche weiße Laborratte handelte, »der eine osmotische Pumpe implantiert war, die kontinuierlich Chemikalien injizierte« (Haraway). Auch dieser Entwicklungsschritt des industriellen Humanismus begann monströs. Aber das war und ist kein Grund, technophob zu werden, sondern einer, um sich vor dem Menschen zu fürchten, während einen das Problem, die mutierende Ratte, retten könnte.

## Panzer der Freiheit

Freiheit nennt sich die *Schneide*, the edge, der großen Einsamkeit im Westen. Mit ihren traurigen Versprechen, hinter denen sich eine Politik der Trennung verbirgt, zerschneidet sie die Verbindungen zwischen den Überlebenden. Es ist eine individualisierte Freiheit, die sich Verfügbarkeit und Zugang nennt, und sich dabei vom Konsum kaum unterscheidet.

Entfremdung klingt in den Regimes der Freiheit anziehend. Was einen entfremdet, kann einen wegbringen von dem, der man sein soll. Im Englischen klingt das Abrücken der Entfremdung sogar noch verführerischer: Was sich als *alienation* verspricht, schafft es dann aber oft doch nicht, ein *alien* zu werden. Um die menschliche Umlaufbahn zu verlassen, wirkt die Entfremdung nur noch bedingt geeignet.

Indem sie den Marxismus mit Queeren verschränken, versuchen einige jüngere Ansätze der feministischen Cyborg-Politik, der *Politik der Entfremdung* neues Leben einzuhauchen. Das ist spannend und vielversprechend, wenn auch nicht unglaublich überraschend. Ja, wir sind immer schon entfremdet und können nur durch die Entfremdung Teil der Geschichte bleiben. Ja, das Gleichgewicht der Natur ist eine billige Metapher, zu deren Wirklichkeit es kein Zurück gibt. Nein, es ist nicht genug, zur Kenntnis zu nehmen, dass das uns zugeschriebene Geschlecht konstruiert ist. Doch dann stutze ich, als mit dem Argument der *Freiheit* behauptet wird, das »nichts so heilig ist, dass es nicht technisch umgestaltet und verändert werden könnte« (Laboria Cuboniks). Aber setzt sich mit solchen ins Repräsentative gewendeten Strategien des *Hackens am Körper* nicht immer auch die Anmaßung des Humanismus fort, der meint, alles beherrschbar machen zu dürfen? Er, sie, es *bastelt* für die Freiheit, in diesem Fall an der Wahlfreiheit zwischen *hundert Geschlechtern*, so als wären die *Freiheit* und die Wahl nicht bis zur Unbrauchbarkeit korrumpiert, als legitimiere der obszön gewordene Begriff der Freiheit nicht seit über einem Jahrzehnt den Krieg gegen alles, was von seinem Kanon abweicht. Freiheit ist zum freien Flug der Drohne verkommen, mit der der Westen seine Feinde exekutiert, weil sie gegen die Wahlfreiheit zwischen hundert Sorten Bier sind oder das Falsche für heilig halten. Das Argument der Freiheit ist nicht mehr zu gebrauchen. Es ist der Treibstoff der letzten verbliebenen Beschleunigung im großen Stillstand. Pressefreiheit, sexuelle Freiheit, freie Wahlen, die leeren Versprechungen des Westens stehen auf der Fahne, unter der der Westen im Namen des Humanismus und der Demokratie gegen alle Abweichler von seiner Doktrin mobil macht. Es kann keine schlechtere Zukunft als diesen unabschließbar erscheinenden Stellungskrieg geben.

Freiheit ist auch der Vorwand, den sich der westliche Mensch nimmt, um sich über alles zu beugen und ihm seinen bastelnden Gestaltungswillen aufzuzwingen, so, als hätte er ein Recht dazu, außer dem, das er sich selber gegeben hat. Es bedarf keiner Religion, um die Notwendigkeit von Tabuzonen für den menschlichen Zugriff zu erkennen und die Notwendigkeit der Demut des Menschen zu bemerken.

## Das Ende wünschen

Eine historische Politik der Akzeleration, die keine Lösungen vorschlägt, sondern Problem bleiben wollte, formierte sich schon vor über vierzig Jahren fast zeitgleich zum *Anti-Ödipus* in der »Waffe Mensch«. In ihr sollten die Körper zu Projektilen werden, um rasend schnell die feindlichen Ziele zu treffen. Du »tickst zu langsam, fummelst zu lange rum. drehst jedes ding fuffzig differenzierungen und kommst nicht zum schluss. zack! schon ist das licht aus. jedenfalls komm mal auf touren, so auf die drehzahl: rasend cool hellwach gelassen blitzschnell heiter. wird ja langsam mal zeit. schließlich sitzen wir alle nur wegen der falschen reflexe«, schreibt Holger Meins im *info der RAF*. Legitimation für den Kampf der Stadtguerilla war, die Widersprüche in der Metropole bis ins Äußerste zu beschleunigen. Der Zustand der Verhältnisse sollte durch die Intensivierung seiner Risse eskalieren, um die Fratze der Bedingungen aus dem Nebel der Langsamkeit ins schnelle Licht zu heben. Die Annahme, den Verhältnissen könne durch ihre Beschleunigung ins Grab geholfen werden, welche der militante Marxismus in den Metropolen predigte, löste sich nicht ein. Zum angekündigten Zusammenbruch des Kapitalismus durch die Intensivierung der Widersprüche kam es nicht. Das Gegenteil stellte sich ein, die Katastrophe wurde Teil seiner Stabilität. In einer andauernden Atmosphäre des drohenden Untergangs wurde die Bevölkerung dazu verführt, den Albtraum, in dem sie überlebt, ihre Umwelt, zu schützen, indem sie in den Glauben versetzt wurde, sonst würde sie ein noch schlimmerer Albtraum erwarten.

Um die Atmosphäre der Aussichtslosigkeit oder die Reduktion des Ausblicks auf die Katastrophe zu stabilisieren, wurde von den am Erhalt der Ordnung interessierten Staaten und Unternehmen ein dezentrales Netz der verlangsamenden Sicherheit geknüpft. Dadurch entschleunigt sich alles zusätzlich, so als suche das, was sich erhalten will, nach einem Tempo unterhalb des Stillstandes – eine Unternullgeschwindigkeit, mit der sich die Ankunft in der Veränderung verhindern lässt.

Manchmal lässt man einen Gedanken lieber einfach liegen und er fährt dann alleine mit der U-Bahn weiter bis aufs Abstellgleis.

Angst erzeugt Angst und noch mehr Angst. Deshalb verspricht eine Ästhetik wenig, wie sie der rationale Akzelerationismus vorschlägt: »Eine wichtige Funktion von Kunst besteht darin, die Gefahren der Zukünftigkeit zu erforschen« (Sharvio). Warum sollte Kunst so etwas tun? Alle tun das. Warum den kleinsten gemeinsamen Nenner noch einmal nachbeten, wir lebten in bedrohlichen Zeiten, in denen alle Kräfte zur Abwendung der kommenden Schrecken genutzt werden müssten? Warum die Kunst aus ihrem unklar definierten Hinterhalt zerren, um ihr diese ach so sinnvolle Aufgabe anzudienen? Warum weiter übersehen, dass das Beschwören der kommenden Katastrophe von den spekulativen Möglichkeiten ungefähr so weit entfernt ist wie der Mond von der Erde. Die Katastrophe hat bereits stattgefunden. Die Beschwörung ihrer Wiederholung als eine andere, noch Großartigere, möbliert den Allgemeinplatz eines »spektakulären Realismus« (Bender).

Es kann nur besser werden.

Wenn sich eine Tür schließt, öffnet sich eine andere, besagt ein türkisches Sprichwort. Was sich öffnet, wird aber lange übersehen, da die Augen an dem haften, was sich verschlossen hat. An dem, was sich verschließen würde, klebt der Blick des spekulativen Akzelerationisten Ray Brassier in seiner berechneten Beschwörung des kommenden Endes. Seinem Essay *Solare Katastrophe: Die Wahrheit der Auslöschung* ist anzumerken, Dystopien gibt es wie Sand am Meer, weshalb er jetzt aufs Ganze geht. Brassier will die Totalität und das Absolute, alles andere scheint ihm wohl nicht groß genug.

Apokalypse heißt im Ursprung Schleier, und den will der Philosoph kühn herunterreißen, um seinen Lesern zu zeigen, wir können es mit einem guten Taschenrechner ausrechnen: In »4,5 Milliarden Jahren« wird die Sonne verloschen sein und »alle klugen Thiere mussten sterben«, wie Nietzsche bereits ohne Taschenrechner wusste.

Es ist schon ermüdend, wenn berechnet wird, wie der Mensch gelebt haben wird. Noch einschläfernder wirkt die apokalyptische *death data*-Variante, die berechnet, wann der letzte Mensch gestorben sein soll. Flott schreitet die mathematische Prognose des Endes in großen Schritten über jede mögliche Abweichung von ihrer Fiktion hinweg. Es ist eine triste Fixierung auf das Ende, den Moment, in dem es knallt und spritzt. Ihm fehlen die Lust und Kraft an allem, was auf dem Weg mit seinen unberechenbaren Abzweigungen und unvorstellbaren Möglichkeiten passieren könnte.

Wie kommt einer darauf, es wäre interessant, die Welt zu denken, wenn der Mensch nicht mehr wäre? Warum fällt ihm, und er ist nur einer von vielen, nichts Besseres ein, als das Problem der Überheblichkeit des Menschen durch eine Welt ohne Menschen zu denken? Weil Nietzsche es als Gipfel der Kraft behauptet, das Dunkle zu denken? Oder weil es einfach zu anstrengend scheint, sich vorzustellen, es käme alles ganz anders als berechnet? Oder weil sich durch den Nihilismus so viele Fragen umschiffen lassen und ihre Darsteller dabei trotzdem noch irgendwie gut aussehen?

Es gibt freundlichere Wege, den Posthumanismus zu denken. Die Visionen vom Ende des Menschen auf der Welt gehören zum traurigen Inventar des männlichen Weltschmerzes. Einsam wanderten schon zahllose Junggesellen durch die Landschaften des Untergangs. Manchmal hält einer noch ein weinendes Kind an der Hand. Wohin er blickt, nur Steppe, kotiger Schlamm, tote Materie, und faulig weht der Wind.

Einen Klassiker der Literarisierung solch männlicher Einsamkeitsphantasien im Schatten der Katastrophe schrieb der deutsche Schriftsteller Arno Schmidt in den fünfziger Jahren, der Blütezeit des Genres. *Schwarze Spiegel* zählt zu Schmidts anrührendsten Erzählungen und den bizarren Sternstunden der deutschen Science-Fiction. Ihre Dunkelheit durchwehen die Schocks des Totalen Krieges von Birkenau und Hiroshima. Selbst schwer traumatisiert vom ausgiebigen Durchbruch des Reizschutzes und den Überschwemmungen des seelischen Apparates, weiß der literarisch enthemmte Spießbürger Schmidt aber trotzdem oder gerade nicht, wie er seine Lüsternheit bändigen soll. Ein durch die niedersächsische Atomwüste radelndes Alter Ego vertreibt sich die Zeit damit, die Beckenknochen der Toten nach

Geschlecht zu unterscheiden. Der Mann genießt die Verfügbarkeit seiner Notwendigkeiten im Reich des Todes, er plündert Bibliotheken und Lager mit konservierten Lebensmitteln. Einsam mit sich allein beäugt er die *Skelettdamen* in schmierigen Autowracks, um festzustellen, »wir wissen also durch Autopsie, daß ganz Mitteleuropa menschleer ist«. Alle sind *fort*.

Doch plötzlich kommt das Unheimliche aus dem Hinterhalt: Eine lebendige Frau schießt auf ihn. Nachdem beiden zunächst nichts Besseres einfällt, als einander zu töten, kommen sie einander später näher. Doch sie verlässt ihn, der sich in der gespenstischen Zweisamkeit ganz wohlfühlt, und beendet die Affäre mit den Worten: »muß mehr Menschen finden.«

Die medial Traumatisierten trösten sich heute mit *Minecraft*. Das Computerspiel, was mittlerweile angeblich von hundert Millionen Spielern gespielt wird, entwirft eine Welt, die eine nicht genannte Katastrophe in kleinen Würfeln zurückgelassen hat. Überlebende können sich an ihrer *Werkbank* einen *Unterstand* bauen. Dieser soll sie im Einzelspielermodus gegen die *Monster* oder *Zombies* schützen. Die Einzelspieler ziehen *Wände* zwischen sich und der *Außenwelt*, hinter denen sie in *Deckung* gehen können, falls ein *Skelett* auf sie schießt.

*Minecraft* entwirft eine Wirklichkeit der grenzenlosen Verfügbarkeit der Welt. Sie fungiert als *endlose* Ressource, deren *Abbau* dem Überleben dient. In dem Erfolgsrezept des Spiels, das mit schlechter Auflösung bewusst hinter die technischen Standards der 3D-Gegenwart zurücktritt, steht die Materie als verfügbares Material im

Mittelpunkt, ist jedoch zum reinen Zeichen eingefroren. Alles, was nicht als radikal konstruktivistischer Block verwertbar ist, existiert nicht und ist nichts.

## Mathematik eines anderen Schicksals

Hoffnungsvoller als die Berechnungen der totalen Auslöschung oder der absolute Zugriff auf eine Welt in Würfeln scheint eine veränderte Auffassung des Seins, die sich eine Welt vorstellt, die nicht mehr vom in die Sackgasse gefahrenen Ausnahmestatus des Menschen dominiert wird. Es wäre der Abschied von einer Anmaßung, die alles, was sie zu erkennen glaubt, besetzt und für einen zu verarbeitenden Würfel hält.

Ansätze für eine solche Abwendung, die über das Akademische hinausgehen, kommen bisher vorwiegend aus dem Feminismus, sowie einigen indigenen Widerstandsbewegungen Lateinamerikas.

Eine andere Wurzel der posthumanen Ethik findet sich im Afro-Futurismus, einer Umdeutung der im Namen dem Afro nachgeordneten italienischen Avantgardebewegung vom Anfang des 20. Jahrhunderts. Technologien des Industriellen dienen im Afro-Futurismus nicht mehr als Werkzeug zur Konstruktion von Machtverhältnissen und der *Hygiene des Krieges*, sondern dazu, diese aufzuheben.

»Wir bringen euch die Mathematik eines anderen Schicksals«, sang Sun Ra und meinte eine Zukunft, in der alles anders sein wird.

Mag sein, wie Einstein einmal bemerkte, dass Gott

nicht gewürfelt hat, als er die Welt erschuf. Aber das erste überlieferte Würfelspiel drehte sich dann schon um die Aufteilung des Weltalls. Poseidon gewann die Meere, Hades die Unterwelt und Zeus die Erde und den Himmel. Gott musste wohl erst viele werden, um zu begreifen, dass die Zukunft nur zufallen kann.

»Die Zukunft ist ein Unfall«, behauptet um zwei Buchstaben verschoben Kodwo Eshun, der Autor der großen Theorie des Black Atlantic, *Heller als die Sonne*. Welcher Unterschied öffnet sich zwischen einem Zu- und einem Unfall? Der Unfall lässt an einen Schaden denken, während sich der Zufall leichter mit Glück verbindet. In beiden Fällen folgt der Wandel auf einen Kontrollverlust, den der Mensch nicht aufhalten konnte. Die Veränderung stellt sich durch eine Abweichung von einer angenommenen Fiktion des Kommenden ein, den eine auf Erhalt geeichte Wahrnehmung nicht zulassen wollte, bis es zum Fall kam.

Eshun schreibt eine Geschichte der flexiblen Taktiken des Afro-Futurismus. Eine treibende Bewegung bildet die Verwandlung Sun Ras in einen Außerirdischen. Sich als ein nicht-menschliches Wesen zu erfinden, erlaubt es Ra, seine Wurzeln zu kappen und die verkommene Wirklichkeit der USA zu verlassen. Er wird ein Alien vom Saturn, mutiert gegen die Mutation und tritt die Reise ins Unbekannte an. Als Mensch, der sich als solcher aufgibt, flieht er aus dem, was nicht mehr als die ewige Fortsetzung seiner Unterdrückung versprach. Als Außerirdischer entgleitet er der humanistischen Umlaufbahn. Die Flucht aus ihrem Zugriff erlaubt Ra die Reise in eine unbekannte Zukunft. Dafür verwandelt er sich in ein

Instrument. Was ein Ich war, verschränkt sich nun als nachmenschliches Wesen, dem es gelingt, »schrittweise die Raumzeit-Materie als Teil der fortlaufenden Kraft des Werdens zu rekonfigurieren« (Barat).

Ra erkennt die gegebene humanistische Ordnung seiner Umgebung nicht mehr an. Als Transformer spielt er in ihr sein eigenes Spiel und tritt hinüber in eine andere Wirklichkeit. Er überlebt nicht mehr in den USA, sondern lebt auf dem Saturn. Statt Widerstand zu leisten, entgleitet er der menschlichen Ordnung und gibt sich jedoch auch dem Ausnahmezustand des Unbekannten hin. Als Proto-Schizo öffnet er sich dem Unkontrollierbaren und reist durch die Strömungen von tausend Zufällen in ein fremdes Raum-Zeit-Kontinuum. Als Instrument öffnet er sich dem Nichtmenschlichen. Gemeinsam mit dem Intergalactic Solar Arkestra stürzt er sich in die »Mathemagie« (Eshun) zahlloser Zufallsalgorithmen und verwendet einen libertär umcodierten Homöostaten als durch den Raum treibende Lustmaschine, die die kartierten Sicherheitszonen der weißen Dunkelheit verlässt.

Die Klänge, die einen in die Zukunft tragen könnten, lassen sich nicht hören, wenn sich die Körper quer zur Maschine stellen. Sonische Passagen eröffnen sich kaum noch durch die ungebrochene Bejahung der Maschine. Die Kraft des Ja verliert sich allein in Variationen der Warenform, jenen Kapseln, die kein Staubkorn mehr in sich aufnehmen. Etwas muss von Außen eindringen, was sich der Mensch als Maschine und die Maschine als Mensch nicht vorstellen können. Die Kapseln müssen sich verunreinigen und verbinden mit dem Unmöglichen, in dem Kraft zur Veränderung liegt. Oder wie Sun Ra es formuliert: »Das Unmögliche zieht mich an, denn alles Mögliche ist schon gemacht worden, und die Welt hat sich nicht verändert.«

Alles, was versucht, bei sich und seinen Kategorien zu bleiben und die Ungewissheit abweist, weicht vor der Veränderung zurück. Deshalb lässt sich die Fluchtlinie möglicherweise ziehen, wenn sich das Unmögliche des nicht Denkbaren, das sich im Afro-Futurismus anlegt, mit einem Verständnis des Posthumanismus verbindet, wie ihn Karen Barat im Feld der theoretischen Physik verortet. Barat schreibt, »der Posthumanismus setzt nicht voraus, dass der Mensch das Maß aller Dinge ist. Er ist kein Gefangener des Größenmaßstabs des Menschlichen, sondern schenkt den Praktiken Aufmerksamkeit, durch die Maßstäbe produziert werden. Der Posthumanismus hat nichts übrig für die prinzipielle Behauptung, die die Abschaffung oder den Tod der Metaphysik annehmen, besonders, wenn solche hochmütigen Behauptungen sich als Lockmittel für die heimliche Wiedereinrichtung des Menschen als des Maßstabes dessen erweisen, was beobachtbar und verstehbar ist oder nicht. Er gehorcht keinen Verboten gegen die Rede von der Ontologie, wodurch jegliches Nachdenken auf das Erkenntnistheoretische beschränkt werden soll, das im sicheren Hafen des Menschen verankert ist«.

Instrumente, vor allem Messinstrumente, bekommen durch den Posthumanismus eine größere Aufmerksamkeit. Sie sind die Realität ermessenden Agentinnen des agentiellen Realismus, die Wirklichkeiten produzieren. Zu ihnen gehören auch die Instrumente, mit denen sich das Nichts vermessen lässt. Die Abwendung von den endlosen Widerspiegelungen eröffnet die Freiheit, ins Dunkel zu gehen. Die Abwendung überwindet die Trennungen und bewegt sich in Richtung einer Wirklichkeit, »die nicht aus Dingen-an-sich oder Dingen-hinter-den-Phänomenen, sondern Dingen-in-den-Phänomenen« (Barat) besteht. Sich auf Dinge-in-den-Phänomenen zuzubewegen, bedeutet das, auf das *Nichts* zuzugehen?

Du fragst: Nichts, was soll das sein?

Meint es, »ich kehre in jene Leere ein, in jenen unangreifbaren Hauch, die Seele, deren Name nur eine Übersetzung dieses Hauchs ist. Ich denke weicher noch als jenes objektiviert Weiche, ich erfinde, wenn ich eins mit dieser Leere werde« (Serres).

Du fragst: erfinden? Ist es nicht schon da? Geht es nicht darum, gefunden zu werden?

Das Nichts zu denken, heißt nicht, nicht mehr zu denken. Es heißt, sich dem Nichtdenkbaren zu öffnen. Der Mensch verlässt seine Reduktion auf das, was seine Erkenntnis denken, und tritt hinüber in das, was sich sein Denken nicht vorstellen kann. Das Ich verzichtet darauf, bei der Idee von sich selbst zu bleiben und öffnet sich, auch auf die Gefahr hin, dem ihm Unbekannten fremd zu bleiben. Wir öffnen uns einer Materie, die wir nicht mehr kontrollieren.

## Morgen werde ich Maler

Heute esse ich in Cölln's Restaurant eine Kanalarbeiter-Schnitte. Die Gabel rührt das Eigelb einer Wachtel in den roten Tatar, als plötzlich eine Stimme, und es ist meine,

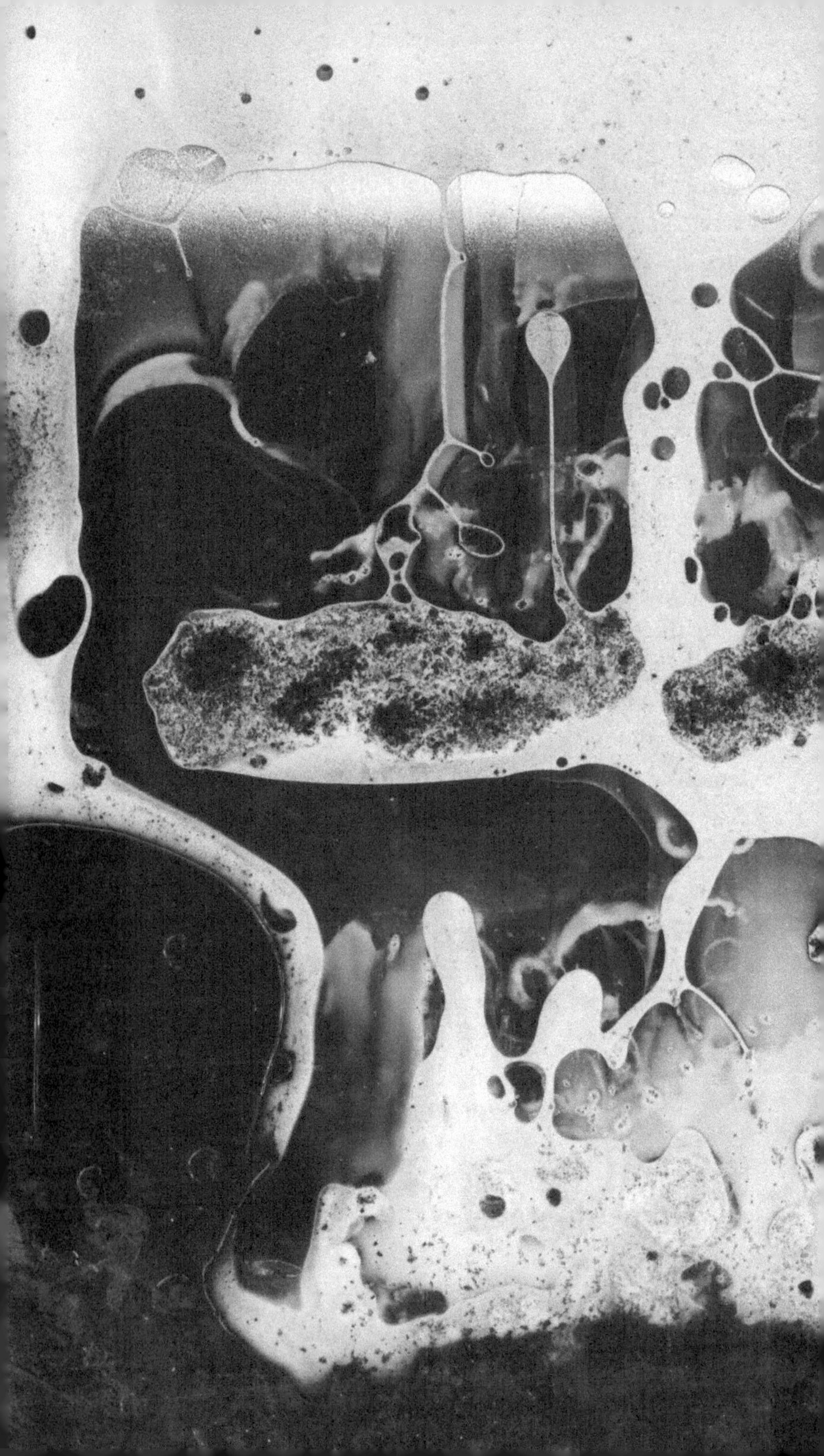

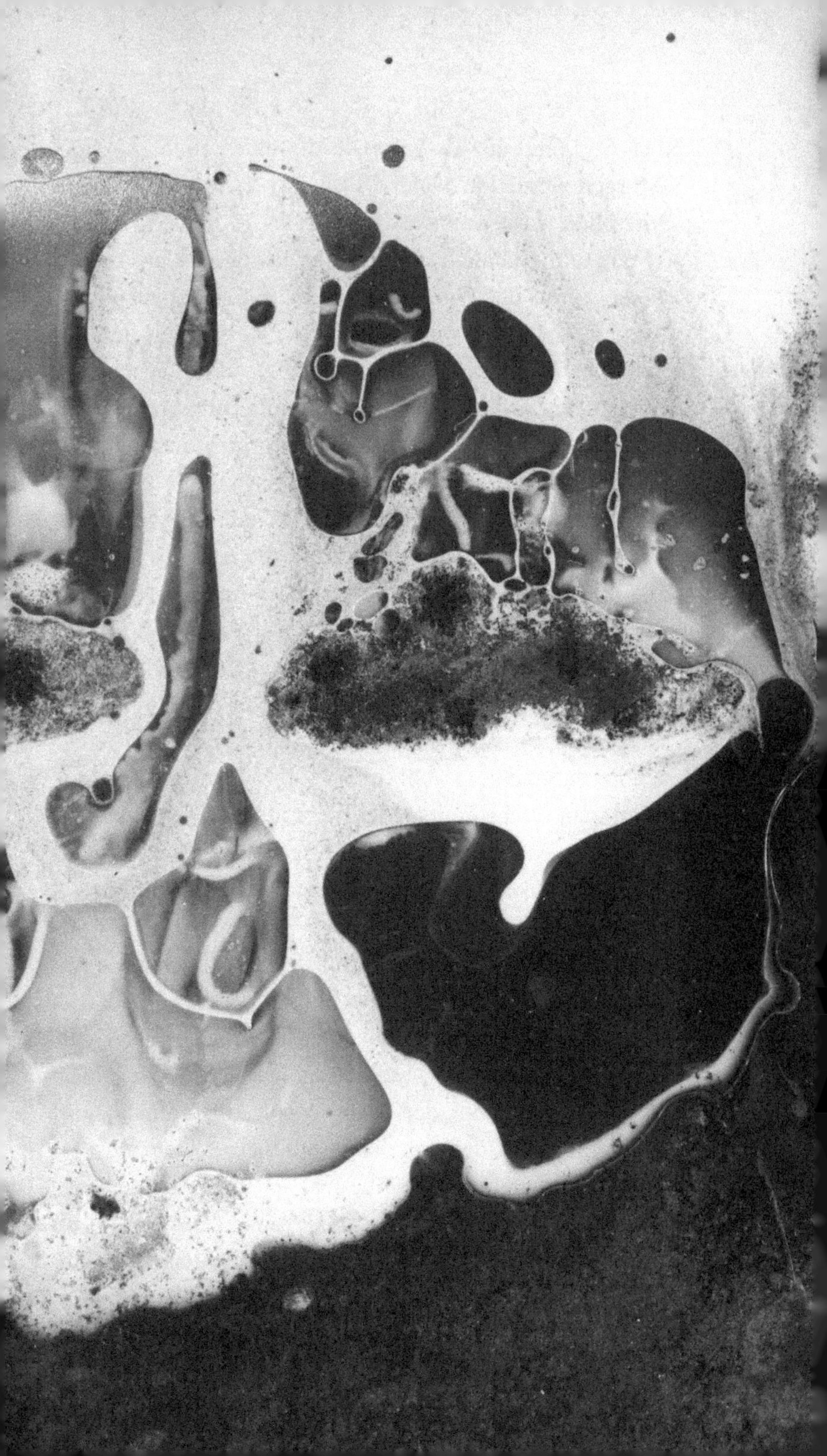

aber sie klingt so, als wäre sie die eines anderen, sagt: »Morgen werde ich Maler.« Der Satz trifft mich wie der Blitz ohne warnendes Gewitter.

Wie ein Schatten im Traum bewegen sich meine Hände durch die Farbenlandschaft. Sie scheinen keine Ahnung zu haben, was sie müssen, sie werden geführt von einer *Mathemagie* der Umgebung. »Malen ist eine Reihe rechnerischer Operationen«, notierte Edgar Degas. »Mit ihr lassen sich Probleme einer gewissen Mathematik bearbeiten, die noch subtiler ist als die gewöhnliche und die bis jetzt niemand zu formulieren vermocht hat«, weitete Paul Valéry den Gedanken des Malers aus. Wunderschön formuliert sich darin ein Hinübertreten in das nie Gesehene: Es wird entdeckt werden, indem ich verliere, was ich erfinden wollte. Es trifft einen. Perspektiven eröffnen sich. Freiheit des Unvertrauten erschließt sich. Eine Weite wird möglich. Alles scheint unglaublich hell und bleibt dabei unsichtbar. »Und man bleibt fremd, hört nicht auf, ein Eindringling zu bleiben. Man kann nicht heimisch werden. Man bleibt einer, der ankommt, ›der sich im Kommen befindet‹« (Nancy).

Bis heute war ich kein Maler. Jetzt male ich noch im Kopf. Morgen werde ich den Pinsel nehmen, in Farbe tauchen und über die Leinwand streichen. In der Zwischenzeit entwerfe ich, was ich malen werde. Ich schiebe die Reibung mit der Materie auf. In ihr lauert ein Phantom, etwas, das sich außerhalb meines Denkens bewegt. Mag sein, ich kann sie nicht sehen, die Dinge, wie sie sind. Es bleibt aber mehr als das, was der Mensch erkennen kann. Ich kann mich ihnen nähern. Sie lassen sich erahnen, bevor sie sich wieder zurückziehen, sich immer wieder entziehen.

Um es zu malen, betrete ich die unsichtbaren Wirklichkeiten. Nicht ich trete in sie ein, sie dringen in mich ein. Sie entfremden mich, verunreinigen die Kapsel meines Selbst, malen durch mich hindurch und beschleunigen meine schleppenden Bewegungen mit ihrer Kraft. Ihr Wind schiebt den Vorhang zur Seite. Ein verführerischer Sog zieht durch das Zimmer. In ihm lockt das Aufregende, kommt etwas zum Vorschein, das mehr ist als ein Signal, das von seinem Empfänger wiedererkannt wird. Ein Undenkbares, eine Übertragung, die vor Rätsel stellt. Habe ich überhaupt etwas getan, oder tut die Materie es durch mich hindurch? Etwas bleibt. Ob ich gesetzt habe, oder sich meine menschliche Kontrolle über den Lauf der Dinge außer Kraft setzt? Es wirken Gründe, die sich nicht begründen lassen.

## Mit den Merkmalen verbinden

Ein Maler, dem die Nationalsozialisten Malverbot erteilt hatten, der nicht mehr malen konnte, weshalb er schrieb, verfasste während des Zweiten Weltkrieges in seinem Versteck ein Buch mit dem Titel *Das Unbekannte in der Kunst,* in dem steht: »Kunst kennt keine Erfahrung und ist keine Ableitung. Sie setzt sich mit dem Unbekannten in Verbindung.«

Einem anderen Maler befahlen später »Höhere Wesen«: die »rechte obere Ecke schwarz malen«. Die Verbindung mit dem Unbekannten, wie der Befehl höherer

Wesen, den Sigmar Polke erhielt, verbinden die Malenden mit einem Grund ohne Begründung.

Das von Willi Baumeister verwendete Wort *Verbindung* liest sich heute wie ein Kanal, durch den er mit dem Unbekannten kommunizieren kann. Baumeister meinte jedoch die künstlerische Möglichkeit, mit der die Grenzen der Kommunikation und des Denkbaren überwunden werden können. Statt Signale durch einen Kanal zu übertragen, verbindet sich in der Malerei durch den Eigensinn des Materials, die Dynamik der Farben und ihren Widerstreit mit der Formgebung etwas Stoffliches, das sich nicht mehr im sprachgebundenen Denken auflösen lässt. In einer solchen Verbindung sind Unschärfen, Wirklichkeiten zwischen den Signalen, Zufälligkeiten oder Rauschen möglich. Es sind keine Zeichen, aber vielleicht *Merkmale*. Sie rollen sich zusammen und wieder auseinander. Sie schweben waagerecht in der Luft, richten sich auf und vermischen sich. Manche legen sich flach auf den Horizont und ziehen die Augen oder nur die Hand in Bereiche, die diese sich nicht vorstellen konnten.

## Liebe ist süß, wo Liebe erfolgt

Einige Formen künstlerischen Handelns tragen Ähnlichkeiten zur spekulativen Vorstellung eines *Hindeutens*. Es wäre eine Kunst, die aufhört, sich ständig mit der Bespiegelung ihrer Bedingtheit im Kreis zu drehen, und das Tunnelsystem, in dem sie sich lange vergraben hat, verlässt.

Ihr Blick nähert sich nur langsam und indirekt dem undenkbar Seienden. »Das Reale ist etwas, das man nicht verstehen, sondern nur lieben kann« (Harman). Immer noch blind, hören die Suchenden aber auf, die von ihnen abgewandten Wirklichkeiten zu leugnen. Sie verbinden sich durch Annahmen mit einem dunklen Raum und den *Dingen ohne mich*, die ihn möblieren. Was durch dessen Fenster blickt oder durch ihn hindurch gezogen wird, maßt sich nicht mehr an, sich die Dinge darin anzueignen. Durch die Zurücknahme, den Verzicht auf die Überhöhung des Selbst, kann der schützende Panzer, die Kapsel einer endlosen Reflexion des eigenen Verhältnisses zur Wirklichkeit verlassen werden. Statt der eigenen Wahrnehmung erkennen die aus der Kapsel Getretenen wenig. Sie müssen aber auch nichts erkennen, um die Selbstbezüglichkeit des Schutzraumes zu verlassen. Nach dem Verlassen einer mit sich selbst sprechenden Sprache bewegt sich etwas wie von selbst in den spekulativen Versuchsballons in Richtung des Unbekannten.

Ihr Flug setzt in Bewegung. Etwas öffnet sich und gleitet hinüber in den Zustand des Schwimmens. Die Felle schwimmen ihm weg. Ein Selbst, das sich verlässt, schwimmt immer weiter in das Gewässer hinaus. Es schwimmt, bis es im Uferlosen nicht mehr weiß, was es tut. Körper führen Handlungen aus, bei denen sie sich wie einem Fremden zusehen. Die Entfremdeten glauben, ein anderer würde tun, was sie tun. Eine dritte Person, fast ein *alien*, das dem Selbst ein wenig fremd bleibt, führt Handlungen aus, die ihm nie in den Sinn gekommen wären. Das Selbst staunt, was passiert, wenn es aufhört, das Szenario zu kontrollieren, und es geschehen lässt. Es sieht sich zu, löst sich auf, wird porös. Etwas dringt ein, fließt hindurch, verunreinigt die Kapsel. Sie öffnet sich, statt in ihrer Verpanzerung zu überleben. Das Geöffnete tauscht sich mit der Umgebung, nicht, um etwas anzuhäufen, sondern um Energiezustände zu durchlaufen, die keinen Namen haben.

»Die Verbindung mit dem Unbekannten schafft die ständig nötige Entfesselung und Befreiung«, schreibt Baumeister. Handlungen beschleunigen sich durch Verbindung mit dem Unbekannten, den Kampf mit der Eigendynamik des Materials und dem Zukünftigen, das »in Unterordnung ein Teilgebiet des Unbekannten« bildet.

Die Reise bewegt sich wie auf selbstgehenden Schuhen. Möglichkeitsräume erschließen sich. Bewegungen werden bewegt von der Widerspenstigkeit der Materie. Formen meint nicht, zu ordnen, dem Material seine Ordnung aufzuzwingen, sondern ihr Angebot anzunehmen.

Anfangsideen der Formenden, Pläne, durch die ich begonnen habe – Baumeister nennt sie *Vision-Objekt*e – zerfallen. Sie scheitern am Ungenügen oder laufen auf anderen Wegen aus dem Ruder. Das Scheitern wird in Möglichkeiten geworfen, die es nicht erkennen konnte. Es beginnt, sich gegenüber dem zu öffnen, von dem es keine Ahnung hatte. Das Verlassen der menschlichen Kontrolle, ihre Überschreitung, bedeutete aber nur einen ersten Schritt. Was beginnt, zeigt sich als ergebnisoffene Bewegung, die der Wissenschaftler Andrew Pickering sechzig Jahre nach Baumeisters Suche nach dem *Unbekannten in der Kunst* als eine »Ontologie des Werdens« beschreibt: eine Lehre des Seins, die dieses als Ereignis und Prozess betrachtet.

Kunst kann zum Raum werden, in dem sich das »Ding ohne mich« (Meillassoux) ereignet.

Das einem Unbekannte berührt. Es tritt in den Körper wie die Epilepsie, die griechische *Überraschung,* die einen überfällt. Wer eine Vision hat, muss aber gar nicht zum Arzt gehen. Meist sehen die Hinübertretenden vorher gar nichts. Es fällt ihnen zu. Das Unbekannte kann auch einfach durch die Tür kommen, wie die Kohle aus dem Keller.

Edgar Degas malte einmal ein Gebirge, das er nie gesehen hatte, indem er »Felsstudien im Zimmer« unternahm. Er hätte den Kohleneimer auf dem Tisch geleert und sich drangemacht, die »Gegend« sorgfältig abzuzeichnen, die der von ihm arrangierte Zufall geschaffen hatte, behauptet Paul Valéry.

Der Zufall bildet einen wiederkehrenden Schlüssel in das Unbekannte. Er zieht eine Fluchtlinie aus der menschlichen Kontrolle, die sich durch ihren Zusammenbruch verlässt. Die zufällige Bewegung versucht nicht zu verstehen, was sich ihrer Erkenntnis entzieht. Sie sieht einfach nur zu, was fällt, lässt der Ambition die Luft raus und hängt den Eifer an den Nagel. Kunst kann für solche experimentelle Nicht-Erkenntnis einen Möglichkeitsraum bieten. In diesem geht es nicht darum, das Denken hinter sich zu lassen, sondern das Seiende auch als Undenkbares auszuhalten, um die Wirklichkeit nicht auf die eine Hälfte des Mondes zu reduzieren. Es ist ein Prozess der erkenntnislosen Anerkennung der blinden Flecken, die einen Großteil des Wirklichen bedecken.

Künstlerisches Handeln kann eine solche Hingabe erlauben und das von der menschlichen Erkenntnis abgewandt Bleibende mit Demut anzunehmen, ohne es sich aneignen zu müssen. Das *Ding an sich* kann das *Ding ohne mich* bleiben. Was sich zeigt, sind allein die Eingänge in die Welten des Nicht-Menschlichen. Passagen werden möglich, ohne das Geheimnis anzugreifen. Linien zeichnen sich in das Undenkbare, ohne das vom Menschen getrennt bleibende Sein zu umzeichnen. Künstlerische Messinstrumente, die die verwertende Repräsentation verlassen haben, erlauben das Vage, das Offene, das Tastende und die Gesten auf Zeit. Ahnungen bewegen sich in einer Sphäre außerhalb des Wissens. Die Schritte werden nicht mehr durch die Suche nach dem Unabänderlichen verlangsamt. Es wird möglich zu *lieben*, ohne zu erfassen und in eine Beziehung zu zwingen. Leichtfüßig wird getanzt und dem Zufall die Hand gegeben. Die Verunsicherung bewegt sich in das Dunkel und geht Strecken auf dünnem Eis. Tastend zeichnen sich Schrittfolgen. Eine Spur, die sich verliert, wie die Sonne, über die sich langsam die Nacht legt. Offene Enden zeigen sich. Ihnen zu folgen, erlaubt, die Verengung der Erkenntnis zu verlassen. Statt zu verharren, um das Selbst in der Kapsel zu schützen, setzt sich eine Bewegung in Gang. In ihrer Offenheit über das Erkennbare hinaus liegt eine Möglichkeit. Sie erlaubt, das unfassbar Bleibende anzuerkennen, ohne es zu erkennen. Sichtbar wären allein die Enden von Fluchtlinien in den Raum des Unbekannten.

Das Labyrinth der möglichen Beziehungen zur Welt wird verlassen und wagt das Unmögliche. Die kontrollierte Selbstwahrnehmung einer Geschichte im Leerlauf wird nicht noch einmal buchstabiert, sondern die Reise in eine zufallende Zukunft begonnen. Die Reisenden wissen gar nichts, außer, dass sie nichts zu verlieren haben. Sie betreten eine Zeit neben der herrschenden Zeit. Vorstellungen der Zukunft werden wieder möglich. Sie verlassen den Stillstand und beschleunigen auf imaginären Straßen. Die Lust, das Überleben zu verlassen, bahnt sich ihren Weg, wenn die Selbstbezüglichkeiten der Regelkreisläufe zugunsten riskanter Annahmen gewechselt werden. Die Augen öffnen sich dafür, wo sich Fäden zu Fluchtlinien bündeln, die das Ausblickslose in einen durchlöcherten Horizont verwandeln.

Was als abstrakte Futurologie gerinnt, wird nicht von langer Hand geplant. Es sind Gelegenheiten, die Diebe machen, die nichts brauchen. Ihre flinken Finger berühren das Unmögliche und halten es für möglich. Die Schlupflöcher und Wege bleiben temporär. Ihre Bewegungen fixieren sich nicht. Die Karten des Künftigen werden nicht gezeichnet. Was gerade noch nervös auf der Stelle trat, bewegt sich immer schneller. Seine Beschleunigung überholt ein Ende, das kein Ende finden will. Schlaufen entwinden sich zu längeren Linien. Sie erheben sich und fliehen in die Luft. Sie zeichnen Formen von Gebäuden, die in keiner Planzeichnung schlafen konnten. Sie behaupten Räume neben den Räumen, die nicht gedacht werden konnten. Im Licht eines anbrechenden Morgens heben sie sich über das Gewebe der Regelkreisläufe und singen: »Ich weiß nichts, du weißt nichts.« »Die Lacher hat Gott lieb«, erwidert der Glückskeks.

## Raumschiff ins Unbekannte

Du sagst, es bedarf einer neuen Science-Fiction. Ihr könnte die Aufgabe zukommen, die *Visions-Objekte* zu entwerfen, die Fahrzeuge des Imaginären, mit denen sich starten lässt. Was sich in Bewegung setzt, muss die Vorstellung von dem, was kommen wird, aufgeben, um sich dorthin zu bewegen, wo es noch nicht war.

Es gibt kein Recht auf Zukunft. Von wem sollte es auch eingefordert werden? Jede Forderung würde nur die falsche Ordnung anerkennen. Von der großen Datenumwälzmaschine lässt sich wenig verlangen. Sie ist darauf geeicht, unsere Wünsche durch deren verschobene Erfüllung gegen uns zu wenden. Wir können ihre Programmierung nur zerstören.

Irgendwas verändert sich ständig. Aber warum sich mit Irgendwas zufrieden geben? Tausend Nadeln stechen die Schwachpunkte der Ausgleichsapparaturen. Dafür bedarf es keiner Visionen des Zukünftigen, die utopisch wären. Was zufällt, bleibt schemenhaft. Eine verlockende Wirklichkeit, die sich wie durch einen dünnen Vorhang als Möglichkeit zeigt. Die nach einem Unbekannten strebenden Bewegungen wechseln die Bahnen und werden immer schneller. Sie stoßen auf eine Zeit neben der herrschenden Zeit. Das Gewebe kann nicht mehr folgen. Vom Tempo bezaubert, werden die Selbstdisziplinierungen abgestreift. Regelkreise öffnen sich zu Linien mit offenen Enden. Genussvoll verlassen Möglichkeitswesen die zertrümmerten Landschaften. Die Kraft ihrer Blindflüge bildet einen Sog, der viele zur Überschreitung lockt. Keiner braucht sich noch anzumaßen, den Weg zu kennen. Es reicht, sich in den Windschatten der Fluchtlinien fallen zu lassen. Es wäre ein Ausbruch aus dem Überleben. Die Filter, die das Unbekannte die ganze Zeit aufschieben, greifen nicht mehr. Demoliert wird ein Gefüge, das seinen Ausgleichsmodus nicht mehr aufrechthalten kann. Mag die homöostatische Ordnung auch erstaunlich stabil wirken, gelingt es ihr doch nicht, die Hoffnung aus der Wirklichkeit verschwinden zu lassen. Der Wille zu leben, statt zu überleben, lässt sich nicht vernichten. Das Gelände der Zukunft ist nicht besetzt, nur der Durchgang dorthin ist verstopft. Dahinter wartet die Euphorie des Lebens. Das Unmögliche wird sich ereignen. Nichts wird sein, wie es war.

## Dank

Mein ganz herzlicher Dank für ihre vielfältige Unterstützung, die anregenden Gespräche und Gedanken beim Schreiben dieses Textes gilt Lily Wittenburg, Valérie Knoll, Christine Lemke, Hanna Mittelstädt, Katharina Picandet, Katharina Florian, Franziska Otto, Katharina Bünger, Klaus Voß, Jakob Maku, Bärbel und Hermann Dany, Frank Frangenberg, Gunter Reski, Stephan Dillemuth, Ingrid Beckmann, Judith Düsberg, Ida Roscher, Karla Mendonca dos Santos Dany, Ariane Müller, Martin Ebner, Birthe Mühlhoff, Britta Peters, Diedrich Diederichsen, Hans-Joachim Lenger, Pierangelo Maset, Inger Schwarz, Maaike Lauwaert, Inga Svala Thorsdottir, Annette Wehrmann, Oswald Wiener.

## Verwendete Literatur


Ashby, William Ross: Einführung in die Kybernetik. Frankfurt am Main, 1974.

Avanessian, Armen: Krise – Kritik – Akzeleration. In: #Akzeleration. Berlin, 2013.

– Entschleunigung ist der falsche Weg. Interview von Engster, David. In: Die Wochenzeitung, Zürich, 2. April 2015.

Barat, Karen: Agentieller Realismus. Über die Bedeutung materiell-diskursiver Praktiken. Berlin, 2012.

– Was ist das Maß des Nichts? Unendlichkeit, Virtualität, Gerechtigkeit. Ostfildern, 2013.

Barthes, Roland: Wie zusammen leben. Frankfurt am Main, 2007.

Baudrillard, Jean: Das Jahr 2000 findet nicht statt. Berlin, 1990.

Baumeister, Willi: Das Unbekannte in der Kunst. Köln, 1960.

Bender, Annika: Spektakulärer Realismus. In: Donnerstagsblog. O. O., 26. Mai 2014.

Benjamin, Walter: Einbahnstraße. Frankfurt am Main, 1955.

– Über den Begriff der Geschichte. In: Gesammelte Schriften I.2. Frankfurt am Main, 1991.

Berardi, Franco: Befragung des Akzelerationismus aus Sicht des Körpers. In: #Akzeleration. Berlin, 2013.

Berger, Helmut. Ich. Die Autobiographie. München, 2001.

Brassier, Ray: Solare Katastrophe. Die Wahrheit der Auslöschung. In: Abyssus Intellectualis. Berlin, 2013.

Brunschwicg, Léon: L'expérience humaine et la causalité physique. Paris, 1922.

Ceserano, Giorgio: Der erotische Aufstand. Berlin, 1983.

Davidson, Adam: Welcome to the Failure Age!. In: The New York Times. New York, 12.11.2014.
Deleuze, Gilles / Guattari, Felix: Anti-Ödipus. Kapitalismus und Schizophrenie 1. Frankfurt am Main, 1977.
Diederichsen, Diedrich: Sexbeat. Köln, 1985.
Dostojewski, Fjodor Michailowitsch: Die Spieler. Frankfurt am Main, 1986.
Duras, Marguerite: Der Lastwagen. Frankfurt am Main, 1987.
Eshun, Kodwo: Heller als die Sonne. Abenteuer in der Sonic Fiction. Berlin, 1999.
Esposito, Elena: Die Fiktion der wahrscheinlichen Realität. Frankfurt am Main, 2007.
Fischer, Hans Rudi: Vorwort. In: Spencer-Brown, George: Wahrscheinlichkeit und Wissenschaft. Heidelberg, 1996.
Fisher, Mark: Kapitalistischer Realismus ohne Alternative? Hamburg, 2013.
Foerster, Heinz von / Pörksen, Bernhard: Wahrheit ist die Erfindung eines Lügners: Gespräche für Skeptiker. Heidelberg, 1998.
Graulich, Gerhard: Weder visuell noch zerebral. In: Marcel Duchamp – Respirateur. Ostfildern, 1999.
Haraway, Donna: SF: Spekulative Fabulation und String-Figuren. Ostfildern, 2013.
– FEMALEMAN©_MEETS_ONCOMOUSE™. In: dea ex machina. Berlin, 2015.
Harman, Graham: Der dritte Tisch. Ostfildern, 2012.
– Objekt-Orientierte Philosophie. In: Realismus Jetzt. Berlin, 2013.
Heisenberg, Werner: Die physikalischen Prinzipien der Quantentheorie. Stuttgart, 2008.
Koestler, Arthur: Das Gespenst in der Maschine. Wien / München / Zürich, 1968.
Laboria Cuboniks: Xenofeminismus – Eine Politik der Entfremdung. In: dea ex machina. Berlin, 2015.
Le Guin, Ursula K.: Die Geißel des Himmels. München, 1971.
Lepore, Jill: The Disruption Machine. What the gospel of innovation gets wrong. In: The New Yorker. New York, 23. Juni 2014.
Mann, Thomas: Der Zauberberg. Frankfurt am Main, 1991.

Maturana, Humberto / Pörksen, Bernhard: Vom Sein zum Tun. Heidelberg, 2002.

Meillassoux, Quentin: Nach der Endlichkeit. Versuch über die Notwendigkeit der Kontingenz. Berlin / Zürich, 2008.

Meins, Holger: Kassiber. In: das info. Briefe der Gefangenen aus der RAF 1973–1977. O. O., 1987.

Mojang: Minecraft. Das Einsteiger-Handbuch. Aller Anfang ist ein Block. Köln, 2015.

Nancy, Jean-Luc: Der Eindringling / L'Intrus. Das fremde Herz. Berlin, 1986.

Noys, Benjamin: Days of Phuture Past: Kapitalismus, Zeit, Akzeleration, in: #Akzeleration, Berlin, 2013.

Unsichtbares Komitee: An unsere Freunde. Hamburg, 2015.

Pickering, Andrew: Kybernetik und Neue Ontologie. Berlin, 2007.

Piserchia, Doris: Sternenreiter. München, 1980.

Puzo, Mario: Las Vegas. Bekenntnisse eines Spielers. Wien, 1976.

Serres, Michel: Erfindet euch neu! Frankfurt am Main, 2013.

Sharvio, Steven: Spekulativer Realismus für Anfänger. In: Texte zur Kunst, Heft Nr. 93 (März 2014), Berlin, 2014.

Spencer-Brown, George: Wahrscheinlichkeit und Wissenschaft. Heidelberg, 1996.

Srnicek, Nick / Williams, Alex: »#Accelerate. Manifest für eine Akzelerationistische Politik«. In: #Akzeleration, Berlin, 2013.

Szeemann, Harald: Junggesellenmaschinen. In: Museum der Obsessionen. Berlin, 1981.

Valéry, Paul: Tanz, Zeichnung und Degas. Frankfurt am Main, 1996.

Vaneigem, Raoul: Zwischen der Trauer um die Welt und der Lust am Leben. Hamburg, 2011.

Virilio, Paul: Ästhetik des Verschwindens. Berlin, 1986.

– Rasender Stillstand. Frankfurt am Main, 1997.

Welzer, Harald / Giesecke, Dana / Tremel, Louise: Futurzwei Zukunftsalmanach 2015/16. Frankfurt am Main, 2014.